外資の流儀

生き残る会社の秘密

中澤一雄

講談社現代新書

2521

はじめに　日本企業は「外資型」に変わる

私は45年間にわたって外資系企業（外資）に勤務いたしました。そこで外資の仕事の進め方、組織のあり方などを含め、いわば「外資の流儀」とでも言うべき手法やエッセンスをたくさん学ばせていただきました。

新卒で入社した日本マクドナルドでは、天才経営者の藤田田《でん》さんのもとで、マクドナルドの発展期を微力ながらも支え、米国マクドナルドで本場のオペレーションを学ぶ機会もいただきました。その後に転職したディズニー・ストアや、ウォルト・ディズニー・ジャパンのコンシューマープロダクツ（商品ライセンス）部門では、「外資の流儀」を自分なりに工夫した形で実践し、いずれの会社でもV字回復を果たすことができました。

日本の社会では、外資というと、まだまだドライで冷酷なイメージが強いようです。しかし、私の経験から申し上げるならば、外資系企業のシステムは知れば知るほど効率的・生産的であり、「利益を上げる」という、企業としてごく当然の仕組みを徹底的に追求したシステムです。そしてそれが世界のスタンダードでもあります。

本書は、外資では当たり前のように行われているそのシステムのエッセンスを、私なりにまとめた8つの「勝利の方程式」がどのようなものであるかを述べたものです。海外で働かれた経験をお持ちの方、外資系企業で働かれたことのある方ならば、きわめて「当たり前のこと」ばかりかもしれません。しかし、その「当たり前のこと」が、日本の企業や日本の社会ではまったくといっていいほど認知も浸透もされていないのです。

仕事柄、これまで私は、数多くの日本企業の経営者の方々とお話しをする機会がありましたが、外資では常識であることが、日本の会社では実践どころか、ほとんど知られてもいないということに気づきました。より正確に申し上げるならば、一部の鋭い経営者や経営幹部の方々、あるいは志の高い有能なビジネスパーソンの方々は外資流の経営手法が強いことを知っています。しかし、日本流の経営や雇用慣行が、あまりにも日本社会にとって強力で当たり前であるために、日本企業の総体としては変われずにいると言ったほうがいいでしょう。

詳しくは本編で申し上げますが、日本企業の生産性がアメリカの企業の半分程度にとどまってしまっている最大の原因は、日本企業が新卒採用や年功序列、終身雇用といった日本流の経営を続けており、世界基準である外資流の経営手法を採り入れていないからだと私は考えています。

好むと好まざるとにかかわらず、近い将来、日本の企業は必ず「外資型」に変わっていくでしょう。なぜなら、外資型に変わらなければ生産性が低いままで生き残れないからです。

2018年9月、日本経済団体連合会（経団連）の中西宏明会長が、新卒を対象とした就職・採用活動に関する日程を定めた、いわゆる「就活ルール」の見直しを表明したり、あるいは、2019年4月に「経済界は終身雇用について、もう守れないと思っている」という旨の発言をされたりしています。こういった動きも、もはや日本企業が従来のシステムを変えなくてはならない時期に来ている一つの現れではないかと思います。

これから詳細に見ていきますが、日本流の経営に異論を唱え、外資の経営を肯定的にとらえる私の主張を、不愉快に感じる、反発を覚える方もおられるかもしれません。しかし、私がこの本を執筆しようと思ったのは、元気のないように見える昨今の日本企業に

「経営を外資型に変えていけば、まだまだ世界でトップに立てる」というメッセージをお伝えしたかったからなのです。実際、日本でも大手を中心に一部の企業では外資流の経営手法を採り入れ始め、しっかりと成功を重ねているようです。その意味では、本書は「外資を礼賛する本」「日本企業を批判する本」ではなく、日本企業に対して、改善のための具体的なアクションを提示する本であるとお考えいただきたいと思います。

時代は動いています。本書が、日本企業の生産性の向上、効率化の一助になれば幸いです。

序章　外資「勝利の方程式」はなぜ強いのか

「日本企業の生産性が低い」という現実は、かなり前から指摘されています。ただし、どの点に問題があるのか、生産性を上げるためにはどうすればいいのか、といった具体的なアクションに結びつくような議論はまだまだ不十分と言わざるを得ません。

まずは簡単にふりかえってみたいと思います。

アメリカ企業の半分しかない日本企業の生産性

日本企業は生産性が低い――まずはこの現実を認識する必要があります。

この恐ろしい現実はデータが証明しています。まずは次ページの図1をご覧ください。

この図を見て明らかなように、日本企業は化学、金属、建設など一部の業種を除き、アメリカ企業の半分以下の生産性しかないことがわかります。これは、製造業よりサービス産業分野に顕著に見られる傾向です。

図1　アメリカ企業を100とした場合の日本企業の生産性

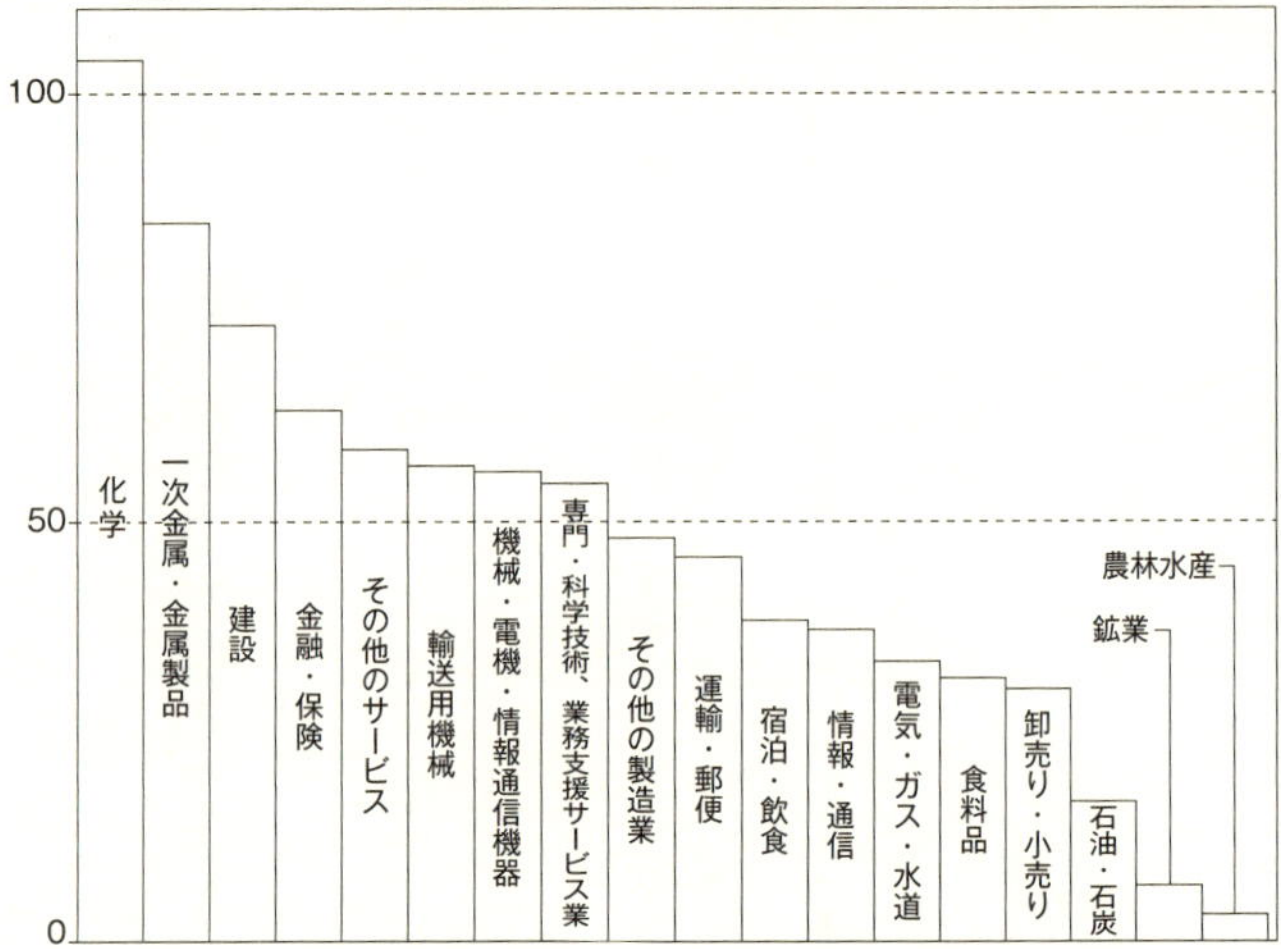

日本生産性本部の資料をもとに編集部で作成

アメリカ企業と比較して日本企業の生産性は約半分であることがわかる

人の生産性が問われるサービス業において、日本企業の低い生産性を悪い意味で支えているのが、日本企業独特の慣習です。

新卒採用
年功序列
終身雇用

これらの制度は、日本企業ないし日本人の根底に「日本企業の良心」「最後の砦《とりで》」と位置づけられている仕組みです。しかし、この「悪しき慣習」が生産性を落とす最大の要因となっていることに気づき、この仕組みを大きく変えない限り、日本企業に未来はない――私はそう思っています。

グローバルスタンダードの時代、こうした日本的な慣習から脱し、生産性を上げられない企業は、生産性を徹底的に重視した外資系企業に太刀打ちできなくなります。生産性が上がらないために収益が上がらず、人件費が抑えられるため従業員のモチベーションも下がります。モチベーションが下がれば生産性を上げようとする行動にはつながらないので、さらに生産性は下がっていきます。

皆さんは、自分の努力や能力によって素晴らしい成果を上げても、成果を上げていない上司や同僚と給料が変わらない状態に、満足できるでしょうか。ましてや、同じ成果を上げたとして、それに報いる給料が外資の半分という現実に納得できるでしょうか。

能力のある人が正当に報われない日本企業に、魅力を感じるでしょうか。

外資系企業での経験が長い私の目から見ると、有能な人材ほど日本企業から脱し、外資へ向かっているのが現実です。

日本ではまったく活用できていない8つの「勝利の方程式」

では、日本企業が短期間で生産性を上げるためにはどうすればいいのでしょうか。

生産性や効率を重視した外資のやり方を採り入れるのが最短の近道であると私は思います。本書では、そのエッセンスや仕組みを8つの「勝利の方程式」と呼ぶことにします。

この8つのエッセンスの組み合わせこそが、世界中でアメリカ企業が勝ち続けている方程式です。低迷する日本企業の生産性を上げるために必要なのは次の8つです。

①Job Description & Job Size
タイトル（職位）別の職務内容と仕事の領域の確定
②Individual Performance Goal
期初前に個人目標を設定
③Performance Review
期末の成果重視による人事評価
④Performance Improvement Program
業務改善と退職勧奨
⑤Succession Plan
後継者育成計画

⑥ Restructuring
外資流のリストラクチュアリング
⑦ 5-Year Strategic Plan
5年戦略計画
⑧ Annual Operating Plan
年間遂行計画

いずれもアメリカの企業では当たり前のように実践されていることばかりですが、日本では活用できていないだけでなく、知らない人も多いようです。私は予言者ではありませんが、この8つの外資流経営エッセンスを移植できない日本の会社は遅かれ早かれ淘汰されることになるでしょう。逆に言えば、いま皆さんがお勤めの会社は、おそらく5年後、10年後にこうした外資流経営を実践する企業になっている可能性が高いはずです。

現在の外資は日本企業の近未来の姿である

1868年、日本は明治維新にともなって社会システムの大改革を行いました。

当時、世界の最先端を走っていたのはヨーロッパ諸国です。まだアメリカの文化は発展途上だったため、日本はヨーロッパのシステムを輸入して発展しました。具体的には、商法はドイツ、民法はフランス、自動車の左側通行はイギリスを参考にしています。

発電に関してはさまざまな背景があるようですが、1894年に東京電燈（いまの東京電力）が導入した50ヘルツの発電機は、ヨーロッパから輸入しています。それに対して大阪電燈・神戸電燈・京都電燈（いずれもいまの関西電力）が導入したのは、アメリカから輸入した60ヘルツの発電機です。

ところが、2度の世界大戦を経た戦後になると、アメリカの技術力がヨーロッパをはるかにしのぐようになりました。壊滅的打撃を受けた敗戦後の日本の復興は、ほぼ100%と言っていいほど、アメリカのシステムによって成立しています。それは、社会の仕組みはもちろんのこと、企業の経営システムにも言えます。

この流れは、いまも変わっていません。

「日本は、アメリカから30年遅れている」

年数の根拠は希薄ですが、日本がアメリカの社会・経済システムの後塵《こうじん》を拝しているのは明白です。つまり、いまのアメリカを見れば将来の日本が何をすべきか見えてくるということになります。私は現在の外資系企業の姿が近未来の日本企業の姿であると思っています。

日本企業は生産性を上げなければ生き残れない

2020年、日本では東京オリンピックが開催されます。それからわずか4年後の2024年には日本人の約3分の1が65歳以上となります。

人口は年々減り続け、高齢化が急速に進んでいきます。

2015年には人口構成比で11％だった0～12歳が、2040年には9％にまで減少します。反対に、45％の構成比だった50歳以上が、2040年には56％にまで増加します（次ページ図2）。それに伴って、生産年齢人口が急激に減少していくのも避けられません（図3）。

2040年には女性の平均寿命が90歳に迫り、男性も83歳になろうという水準まで延びていきます。平均寿命が延びるということは、その年齢まで生活していくためのお金が必要になります。しかし、現状を考えると年金が大きく増額されるとは考えにくい。さて、どうすればいいのでしょうか。

図2　日本の人口構成比

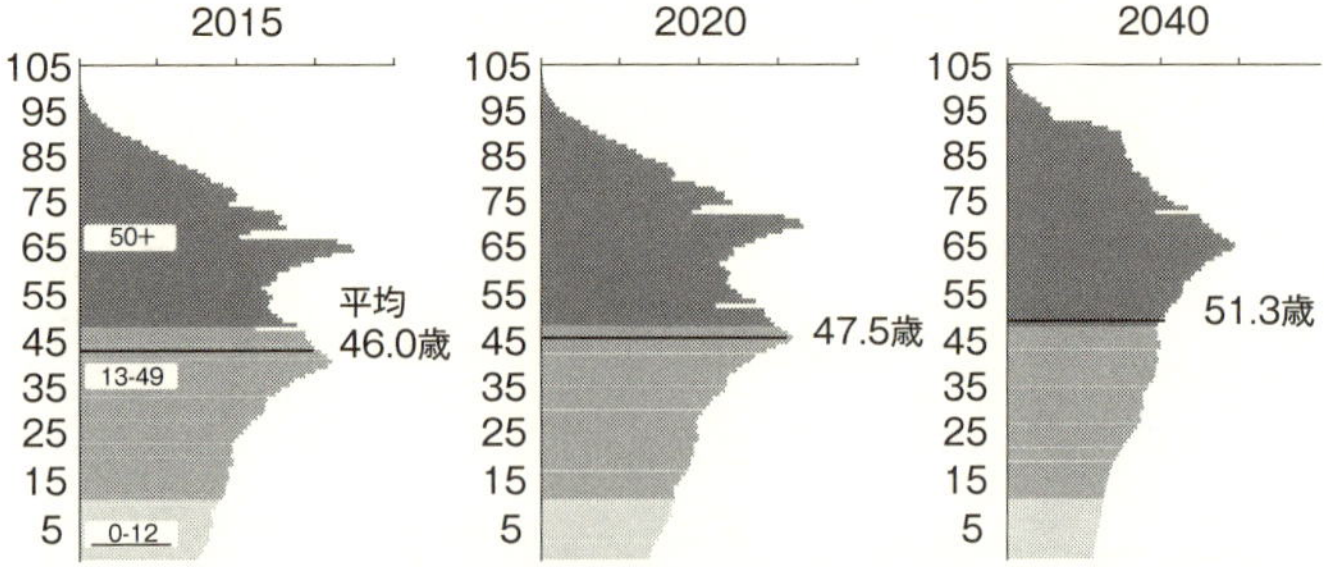

人口	2015＝1.27億	2020＝1.24億	2040＝1.08億
50以上	45%	49%	56%
20～49歳	37%	35%	30%
13～19歳	7%	6%	5%
0～12歳	11%	10%	9%

もはや日本の高齢化、少子化は止められない

図3　日本の年齢別・人口推移

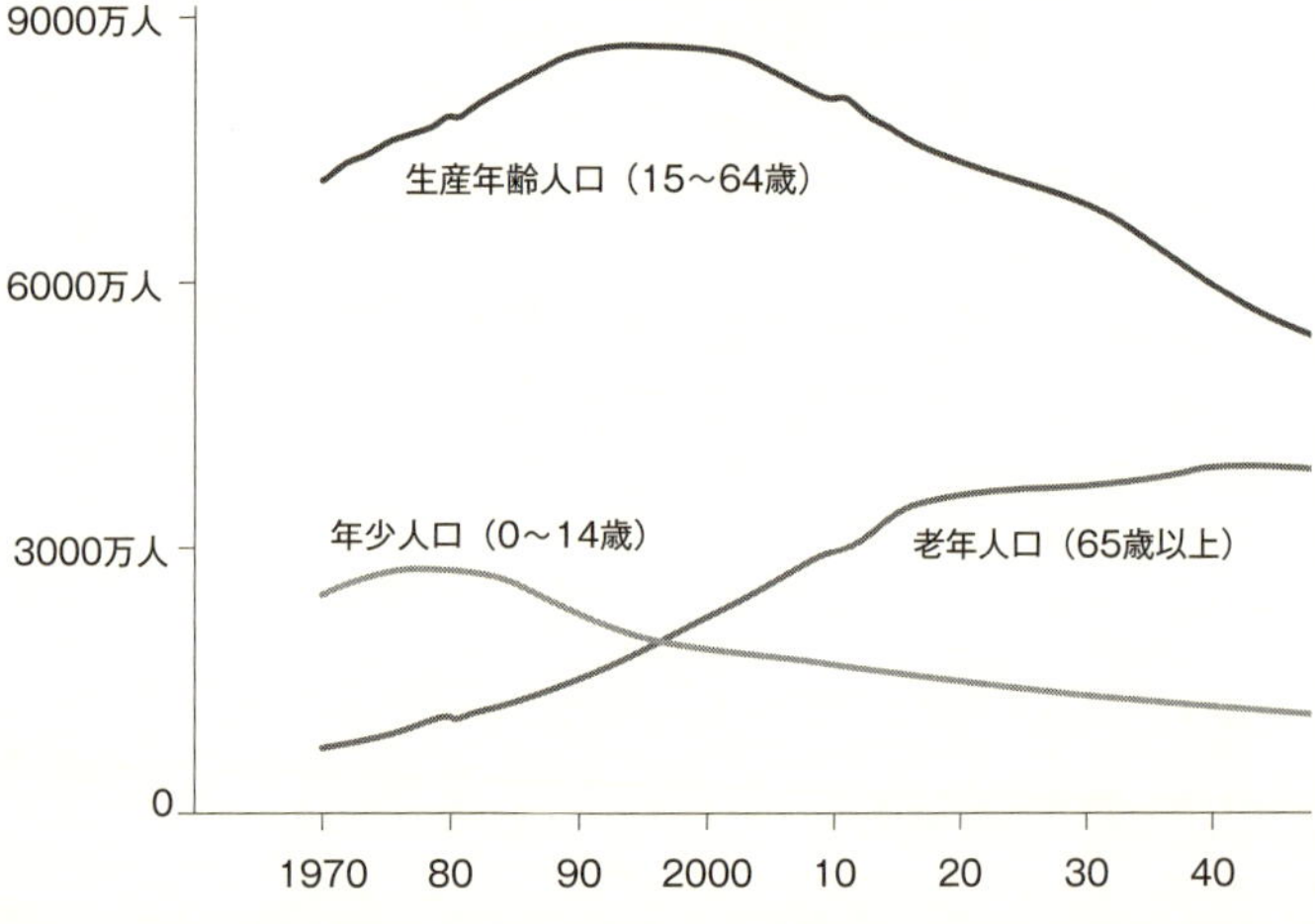

図2、図3ともに国立社会保障・人口問題研究所の資料をもとに編集部で作成

私がよく目を通す雑誌の一つに「週刊ダイヤモンド」がありますが、同誌によると、1989年には世界の株式時価総額トップ企業20社の中に日本企業が実に14社も入っていました。ところが2018年には世界の上位20社のうち日本企業はゼロ。35位にようやくトヨタ自動車が入ってくるぐらいです（2018年8月25日号）。2017年の日本生産性本部の調査では、日本の1時間あたりの労働生産性（利益や人件費などの付加価値額を労働者数で割った数値）は47・5ドルと、アメリカ（72ドル）やドイツ（69ドル）など経済協力開発機構（OECD）加盟国36ヵ国中20位にとどまっています。

年収についてはどうでしょうか。GCIアセット・マネジメントCMOの太田創氏が行った試算によれば、米国では年収1000万円以上の家計は全体の3割弱を占めるのに対し、日本ではわずか4％強にすぎません。平均年収も米国の約793万円に対して日本は約420万円と半分程度です（LIMO　2017年7月28日付記事より）。

OECDの資料によれば、1997年～2017年の20年間における時給（民間部門）の変動率は、イギリスがプラス87％、アメリカが同76％であるのに対して日本はマイナス9％と、主要国で唯一のマイナスの座に甘んじています。

このような状況のなか、日本が生き残る道は1つしかありません。それは、現在は低水準にとどまっている生産性を高くすることです。人口減少のなかＧＤＰを高めるためには、１人当たりの生産性を上げるしか方法はないのです。

繰り返しますが、日本企業の生産性はアメリカの約半分です。このままでは、日本企業が生き残るのは難しいと言わざるを得ません。むしろ、生産性を上げなければ日本企業はおろか、日本社会や日本経済が危機的な状況に陥《おちい》ってしまうでしょう。

好むと好まざるとにかかわらず、これからの日本企業が導入せざるを得ない、アメリカ型の経営システムのエッセンス――外資流の「勝利の方程式」についてこれから詳しく見ていきたいと思います。日本企業が生産性を高め、劇的に再生するための答えが、この一つひとつのエッセンスの中にあるはずです。

本書は、前半（1～4章）と後半（5～8章）の二つに大きく分かれています。

前半では、私の外資での経験を踏まえながら、効率性について考えるようになった経緯についてお話しします。後半は、「勝利の方程式」のポイントについて詳述します。

あえて30年以上前の古い話から始めたいと思います。「勝利の方程式」についてすぐに知りたいという方は、もちろん第5章から読んでくださっても結構なのですが、なぜ私がこのようなことを考えるようになったか、私のキャリアとともにお話をしたほうが理解もしやすく、ご納得もいただけるのではないかと考えました（読書の効率を考えてできるだけ薄く、読みやすい本にしてみましたので、最初から読んでもお時間をとらせないと思います）。

具体的には、第1章では、1980年代、私がはじめてアメリカに渡ったときに目を奪われた、日本のはるか先を進んでいた「効率化」の事例についてご紹介します。

第2章から第4章では、私の生い立ちから日本マクドナルド、日本ケンタッキー・フライド・チキン、ウォルト・ディズニー・ジャパンという外資に勤務した経験を踏まえて、アメリカおよび外資で当然のように行われている「生産性」を高める仕組みについて解説します。

そして第5章では、外資を経験した私が疑問に思った日本企業の非効率性、生産性の低さの原因となるシステムを指摘します。

それを受けた第6章で、いよいよ効率性と生産性を高める指針となる8つの「勝利の方程式」について詳しくお話ししたいと思います。

さらに第7章では、すでにアメリカでは当たり前になっているものの、日本ではまだ一般化されていない社会・経済システムについて言及します。

最後の第8章で、効率性、生産性の低い日本企業にとどまることなく、より生産性の高い日本企業や外資系企業に戦略的に転職するために皆さんがすべき点をまとめました。

本書をこのような構成にしたのは、読者の皆さんにまずは効率性、生産性の高いアメリカとアメリカ企業の現実を直視し、皆さんが所属する日本企業の問題点を認識していただきたいからです。そして、皆さんがお勤めの企業の「仕組み」を変えるのか、それとも「働く場所」を変えるのかという決断のご参考になればと思っています。

目次

第1章　効率の国アメリカ

私が最初にアメリカを訪れたのは30年以上も前――そのころからアメリカは徹底的に効率性を重視する国でした。多少の公平よりも効率性を選ぶその姿勢に惹《ひ》かれました。古い話ばかりで恐縮ですが、アメリカはそんなに古い時代から効率を考えてきた国なのです。まずはそこからお話しするのがよいかと思います。

効率性を追求するアメリカ社会に驚愕

1970年代後半、日本マクドナルドが本場アメリカ本社のオペレーションを学ぼうと、アメリカ・カリフォルニアのサンタクララに店舗を出すことになりました。日本人は英語ができない。しかもマクドナルドはアメリカの文化です。当時の社長・藤田田《でん》さんは「アメリカを知らないとハンバーガーの本質はわからない」と、日本マクドナルドがアメリカに出店することを決めたのです。

日本のミドルマネジメントクラスを常時3人から4人送り込み、店舗運営をしながら英語を覚えたり、アメリカの文化を知るということを続けていました。

アメリカ本社から見ると、日本マクドナルド・サンタクララ店は直営店舗ではなくフランチャイズ店舗です。そうなると、フランチャイズのオーナー会議にも参加する資格があります。そのシステムに組み込まれれば、アメリカ本社のライセンスシステムをすべて理解できる。そういう狙いもありました。

1983年、私は3代目のゼネラルマネジャーとして赴任することになります。33歳になっていました。

きっかけは、マクドナルドの創業者レイ・クロック氏の自伝『成功はゴミ箱の中に』

（プレジデント社）にも登場する、日本マクドナルドの黎明期《れいめいき》を支えた日系二世のジョン・アサハラさんという方でした。アサハラさんは「オペレーションの神様」と言われる人物で、私はなぜかアサハラさんにかわいがられていました。私の思考のベースにある生産性や効率重視の考え方は、当時のアサハラさんから受けた影響とも言えます。

藤田さんと創業期の荒波を乗り越えたアサハラさんは、アメリカに派遣する人材を選考するときに、私を藤田さんに推薦してくれたのです。偶然の人のつながりが、私の人生や考え方を動かすアメリカに導いてくれた。そういう意味で幸運な出会いでした。

赴任後、私は初めてアメリカに住み、アメリカの文化に触れます。見るもの聞くことが新鮮で、驚くことばかりでした。なかでも、アメリカ社会が日本では想像もできないほど効率性を重視していることに、改めて気づかされました。

有料橋の料金所が片道だけの理由

私が住んだのは、サンフランシスコの「ベイエリア」です。アップルの本社があるクパチーノという町に住んでいました。

サンフランシスコのダウンタウンは入り組んだ湾に囲まれていて非常に狭いため、広大な土地がありません。当時から住宅も高く、相当裕福な人でない限りなかなか住むことはできません。多くの人は、車で通える範囲の郊外に住むことになります。

大半の人は車での通勤のとき、ベイエリアのダウンタウンに入るにはゴールデンゲートブリッジ、ベイブリッジ、サンマテオブリッジという3つの橋のいずれかを渡ることになります。すべて有料道路ですが、ダウンタウンに入る「入口」にしか料金所はなく、ダウンタウンから出て行くときの「出口」には料金所がありません。

当時はまだETCがありませんでした。朝の通勤ラッシュ、夕方の帰宅ラッシュのときに、すべての車が料金所を通り、すべての車が現金で支払うとどうなるでしょうか。当然のことながら、とてつもない交通渋滞が起こります。

基本的に、ダウンタウンには裕福な人が住みます。仮にダウンタウンから出て行く出口に料金所を設ければ、渋滞はダウンタウン側に起こります。ダウンタウンの道は車であふれ、狭い地区がマヒしてしまいます。

反対に、ダウンタウンに入ってくる際に料金所を設置すれば、渋滞は郊外に延びていくことになり、市内に車があふれる可能性は低くなります。車の流入時のほうが時間帯が重なりやすいため、朝の渋滞をなくしたほうがいいようにも思えますが、こうした事情もあって入口側に料金所が設置されているのです。また、朝にはレーンにコーンを置くことでダウンタウンに入る入口の車線を増やしたりもします（このようなレーン変更は、全米で毎日行われます）。

サンフランシスコは島ではないので、橋を通らずに無料で入ってくることもできないわけではありません。入る際には大回りして陸地を走り、無料で通れる帰りだけ橋を使えば、無料で往復することが可能です。

しかし、橋ではなく陸路を使えば片道2時間ほどかかります。料金を支払って短時間で通過するか、2時間かけても無料を選ぶか――その割合はどのくらいなのかを考慮し、ほとんど陸路を選ぶ人がいないと判断した末にこうした方法をとることにしたのです。

このような片道有料のシステムを採用した理由は渋滞以外にもあります。料金を徴収する労働者のコストを削減できるからです。料金所を設置すれば、車の通行量にかかわらず24時間詰めている必要があります。片道5車線あるベイブリッジの場合、料金所の数を増やさなければ簡単に渋滞が起こってしまいます。それだけのブースに1人ずつ徴収員を置くと、人件費は膨大な額に及びます。

橋を使わずに大回りして無料で通る車の比率と、片道の料金所を設置しないことで削減できる人件費を比較し、無料で渡ろうとする車のおおむね10％程度は許容し、それよりも渋滞の発生による効率低下や人件費の発生による生産性の低下を防ぐため、往路だけ料金（片道の約1・5倍）を徴収することを選択する――これがアメリカの発想です。日本人には、この発想はありません。

日本には、1998年に明石海峡大橋ができました。当時、まだETCはありません。サンフランシスコと同じように、本州から四国に入る側に料金所があるのが普通だと思ったのでそのまま通行しましたが、四国から本州に渡る側にも料金所があったので驚いた記憶があります。

サンフランシスコは陸続きの部分がありましたが、四方を海に囲まれた四国から、橋を使わずにどうやって陸路で出て行けるというのでしょうか。四国の人が本州に出るときは無料でも、基本的には多くの人が四国に戻るはずです。なかには四国を出て本州に渡ったきり帰ってこない人もいるかもしれません。その割合を統計を取って検証し、多少の公平性よりも効率性を重視するのがアメリカという国の基本的な考え方です。

このケースは、アメリカの効率性追求の象徴的なものとして、はじめてアメリカの文化に触れた私の心に強く刻まれました。その体験をもとにアメリカ社会を見渡してみると、随所に効率性を追求した事例が見られたのです。

Win-Winの関係をひたすら追求する

交通に関しては、アメリカでは赤信号でも大半の交差点で右折が可能です（アメリカは右側通行なので日本と違って右折優先）。飲酒運転の取り締まりは、日本ではアルコール濃度を計測する機器を使って行われますが、アメリカでは歩行の目視確認だけで判断します。飲酒していても、まっすぐ歩ければお咎《とが》めはありません。

車社会のアメリカでは、食事に行くのにも車が必要です。泥酔は言語道断ですが、たしなむ程度で運転に支障がなければ認めるというスタンスになっています。程度にかかわらずすべての飲酒を取り締まっていたら、取り締まりに割く警察官が膨大な数にのぼり、警察の機能が停止してしまいます。

これを、国土が狭く鉄道やバスなどの公共交通機関が充実している日本社会にそのまま当てはめるのは難しいでしょうが、効率を優先して考えるという意味では顕著な事例だと思います。

スピード違反を含む交通違反をしたとき、アメリカではクレジットカードで決済をするケースが多々あります。

「How would you like to pay?」

警察官がカードリーダーを取り出してきてそう言います。まるで何かを売っている店舗の店員のようです。

日本のように、反則金を後納する形にすると支払いを拒否したり、忘れたりして「取りっぱぐれ」が出てしまいます。その督促《とくそく》には膨大な人件費がかかるため、効率を考えれば圧倒的にクレジットカードでその場で決済するほうが効率的です。

これらは、いわゆる「Win-Win」の関係です。

スティーブン・コヴィー氏の『7つの習慣　人格主義の回復』（キングベアー出版）によって有名になった「Win-Win」という考え方ですが、そのスティーブン・コヴィーさんの講演に行ったときに聞いた話では、その語源はアメリカの交差点にあったそうです。

車社会のアメリカでは、交差点にはガソリンスタンドがあるのが普通です。それぞれの角にモービル、シェル、シェブロンなどがあって、熾烈《しれつ》な競争をしています。

ところで、ガソリンスタンドは事故車や故障車を牽引するレッカー車を備える必要があります。でも、それは毎日使うとは限りません。そこで、競合する3社が話し合い、3社で1台のレッカー車を持ち、必要に応じてそれをシェアすることにしました。レッカー車を購入するコストが3社とも3分の1で済み、しかも必要なときに使えます。すべての会社が得をするというところから「Win-Win」という概念が生まれたそうです。

アパートに電気・水道のメーターがない

次ページの図4は、アメリカの集合住宅の給排水の仕組みを示しています。日本の場合とは異なり、アメリカの集合住宅では、電気や水道には個別メーターがついていませんでした（ただし、現在の新築コンドミニアムはスマートメーターを導入しており、戸別に電気代が請求される物件も増えています）。

給排水に関し、戸別にメーターがある場合の問題点は二つあります。

一つは、昔はスマートメーターがなかったので、検針人がすべての部屋を訪問し、検針しなければなりません。それだけ人件費は膨大な金額にのぼってしまいます。

二つ目は、戸別にメーターとパイプを張り巡らせると、メンテナンスをするときにパイ

図4　米国の集合住宅の給排水の仕組み

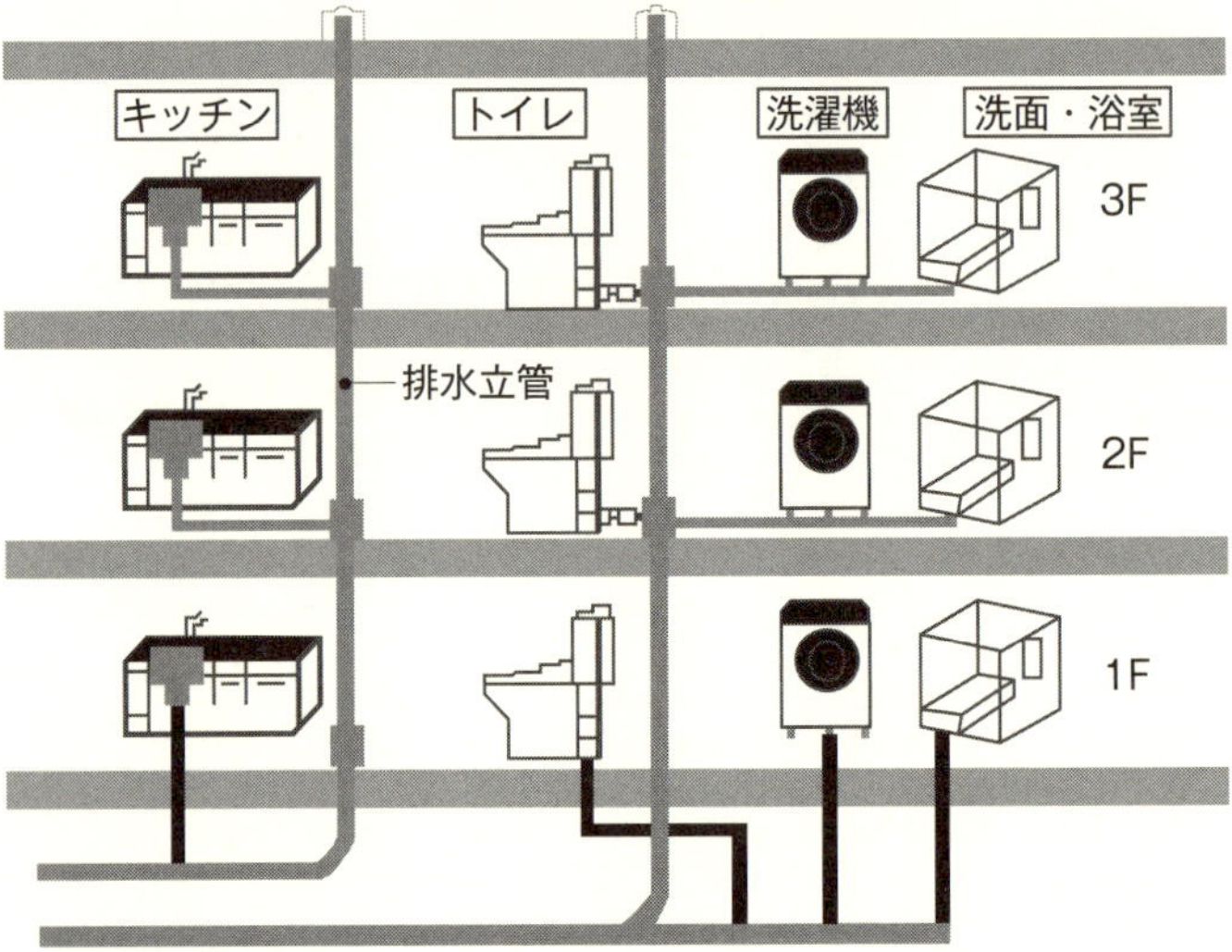

プ交換の手間が膨大になります。アメリカのように上階から下階までパイプが貫通していれば、何かあったときに太いパイプだけを取り替えれば済んでしまいます。

アメリカは、日本に比べて電気代、水道代が安い。おおむね日本の半分以下です（日本はべらぼうに高いと思います）。そうなると、すべての光熱費を共益費に含めてしまっても、戸別に使う量が違うから同じ料金はおかしいという発想が生まれません。むしろ効率を重視し、多少の差異は気にしないというのがアメリカの常識です。

宅配便は玄関先に放置

私がアメリカに渡った1983年は、まだeコマースはありませんでした。カタログ販売が全盛で、宅配便はそれに伴って隆盛を迎えていました。

アメリカでも、配達に行った家が不在の場合はあります。ところが、いま、日本で問題になっている宅配便業者の再配達の問題は起こっていませんでした。なぜなら、アメリカの宅配便事業者は、配達先が不在の場合でも、玄関の軒先にポンと荷物を置いて行ってしまうからです。

皆さんがイメージされる通り、アメリカは日本よりはるかに治安が悪い国です。それなのに置いて行ってしまうのには理由がありました。

カタログ販売の荷物は、ほとんどが5000円未満の商品です。統計的にそれがわかっていて、万が一盗まれてしまったとしても、保険金でまかなえる範囲なのです。再配達のために人件費が高騰するリスクと、盗難率と商品の代金を掛け算した保険金をシビアに比較し、圧倒的に再配達のほうがコストがかかると判断したために、置いて行くようになったのです。

こういうやり方を日本で賞賛すると、宅配便業者の信頼や、利便性はどうなるのかといった批判が起きます。しかし、再配達率が30％とも言われている日本でも、次第に「置《お》き配《はい》」を採り入れる業者さんが増えているのは皆さんも御存知のとおりです。

アメリカでは、日本のマンションのように「宅配ロッカー」を設置する必要はありません。マンションに管理人がいる場合は受け取ってもらえますし、入口には当時からオートロックが設置されていたので、住民以外はそう簡単に入れません。管理人さんにオートロックのドアを開けてもらい、各戸のドアの前に置いておけば、まず盗難の心配はありません。廊下に監視カメラが設置されていれば、さらに盗難リスクは下がります。それなのに、日本ではいまだにサインが必要なのです。

私は現在日本に住んでいますが、先日、こんなことがありました。夜の9時ごろ、家で風呂に入っているときのことです。インターホンごしに妻と宅配便の人がやり合いをしていました。

宅配便業者さんとしては、直接荷物を手渡してサインをもらわなければ仕事が完了しません。しかし妻としては、すでに入浴を済ませて化粧も落としているので、ノーメイクで人前に出たくありません。

「あとで受け取りますから、家の前に置いておいてください」

「いえ、サインをいただかないと……」

両者の言い分にはそれぞれ正当性があります。このままでは埒《らち》が明かないので、仕方なく私が風呂から出て、腰にバスタオルを巻いたまま玄関に出て行ってサインしました。アメリカでは絶対に起こり得ないことです。

レジの現金差は0・1%まで許容される

マクドナルドの場合、ヒューマンエラーは「起こる」という前提に立ちます。だから、売り上げの0・1%までの現金差は許容されていました。レジ上の売り上げよりも実際の金額が少なくても、誤差が0・1%までならば許されるという意味です。

当時、店の売り上げの入金などでアメリカの銀行には頻繁に通っていました。銀行の支店長と話をする機会も多く、この現金差についての話題も何度か出ていました。支店長は具体的な数字は言いませんでしたが、現金はプラスマイナスゼロにならなくても仕方がないと言っていました。

おそらく、勘定がぴったり合うまで帰れないのは日本だけだと思います。

たしかに合わずにロスになった金額はコストになりますが、合わなかった場合に合うまで現金を探したり計算し直したりするための人件費と比較すると、ごくわずかな金額です。

日本では残業代を付けずにサービス残業になるから人件費はかからないと言われていますが、これはまったく本末転倒なお話で、労働者を搾取《さくしゅ》することで成り立つ仕組みになっているだけです。とても効率的とは言えません。

この問題は、ヒューマンエラーをどのように考えるかの違いです。

日本の場合は100％性善説なので、金額は合って当たり前ということになります。ヒューマンエラー、とくに金銭に関してはあってはならない。だから合うまでやり直させるという発想になりがちです。

しかし、アメリカは多少大雑把《おおざっぱ》にしていい代わりに、効率性を極限まで高めて生産性を上げることを第一に考えるのです。メリットとデメリットを比較した場合、メリットのほうが大きくなるという発想です。

ちなみにアメリカの場合、クレジットカードに加えてチェック（小切手）を持つのが普通でした。1980年代当時はクレジットカードが使えるところが少なかったので、スーパーに行くと小切手に金額とサインを書き込んで渡していました。現金を使うところはほとんどなく、当時もファストフードぐらいでした。日本のような現金社会ではありません。

当時のアメリカからは離れますが、2030年からデンマークではお札がなくなるといいます。どのようなメリットがあるのでしょうか。

現金を手元に置く人がいなくなるので、泥棒は減るでしょう。店舗や銀行における現金差の問題は基本的になくなります。脱税もできなくなり、ATMに現金を補充する人の人件費が不要になります。いや、そもそもATMそのものがいらなくなります。レストランや小売店では「レジを締める」という作業が不要になります（日本の場合、その作業がなくなるだけで5000億円のコストがセーブできるという試算もあります）。

いずれ、現金をなくしてクレジットカードと電子マネーだけにする流れは世界的に進んでいくでしょう。しかし、日本の場合は現在もキャッシュオリエンテッド（全体の約80％が現金決済）です。効率化向上を目指して世界がキャッシュレスに動いているなか、日本は進化が遅いと言わざるを得ません。

杓子定規に物事を考えず、効率化を優先する

アメリカの場合、基本的に通勤通学では車を使います。車がなければ行動に大きな制限が加わるほど、生活の足というべき存在です。その車に対して、四六時中、駐車違反や飲酒運転を取り締まるようなことはしません。実害がなければ、時と場合を考えます。

アメリカの都市部で駐車違反の摘発が盛んに行われるのは朝と夕方のみです。混雑する交差点周辺の駐禁を強化し、混雑解消に努めるからです。道路があまり混雑しない日中には、駐車違反の取り締まりもあまり行われないようです。このあたりも効率性と人的コストのカットからきていると思います。

日本では、駐車車両が交通渋滞を引き起こしたり、緊急車両の通行の邪魔になったりしないような場所でも、平気で取り締まりを行っています。そのときに割かれる警察官の人件費とマンパワーを、もっと有効なところに使おうという発想はおそらくありません。

ここで挙げたケースは、いずれも30年以上前に私がアメリカで体験したことばかりです

が、まだ日本では導入されていません。導入されていたとしても「置き配」など、ようやく始まったばかりで、一般化はしていません。しかし、近い将来必ずその方向に進むはずです。それは、これまでの歴史が証明しています。

アメリカと日本との間には、効率化や生産性の向上という概念に対してこれほどの開きがあるのです。

第2章　外資に飛び込む

私が最初に入った会社は日本マクドナルドでした。まだ日本に進出したばかりで、ハンバーガーが珍しかった時代です。ここで私は本場・米国のオペレーションに出会い、日本との差異について考え始めることになります。

母親の「教え」が役立った

ここで少々、私の生い立ちを紹介させてください。

私は1950年に奈良で生まれ、3歳のときに大阪に引っ越しました。

父・恭一の実家は奈良市内で魚の問屋をやっていて、高級料亭に魚を卸《おろ》していました。

母・敏子の旧姓は柴田といい、母の父親、つまり私の祖父にあたる柴田音治郎は「正露丸」「クレベリン」で知られる大幸《たいこう》薬品の創業者です。

音治郎の邸宅は、大阪府吹田市の千里山というところにありました。面白いことに、音治郎の邸宅の正面に、後に私がお世話になる日本マクドナルド創業者の藤田田さんの生家がありました。その隣には、戦前、日清食品の安藤百福《ももふく》さんが住んでいた家もありました。つまり、ご近所の3軒が日本マクドナルド、日清食品、そして大幸薬品の創業者という偶然が重なっていました。

恭一は戦後、証券会社に勤めていましたが、最終的には母方の大幸薬品に入社、70歳まで勤め上げました。一方の敏子は、幼少のころから音治郎の影響を受け、ビジネスセンスを受け継いでいたようです。実家が事業を営み、父親が経営者という環境で育った敏子は教育熱心でした。折に触れ、敏子は私に的確なアドバイスを送ってくれました。敏子の影響を多大に受けながら、私は成長していったような気がします。

大阪府吹田市に住んでいた関係で、近くの千里丘幼稚園に入りました。当時としては珍しく、スクールバスで通園し、英語教育を行う進んだ幼稚園でした。小学校は、家から歩いて5分ぐらいのところにあった吹田第一小学校に行きますが、中学校は越境することになります。


京都府や兵庫県では、優秀な生徒ほど私立高校を目指します。しかし、大阪は公立高校志向が強かったと記憶しています。有名公立高校への進学実績の高い中学校に越境で入学し、名門公立高校に進むのが、勉強のできる子どものエリートコースでした。

私も公立の名門高校に進学しようと頑張っていたのですが、母の敏子は大学の附属高校に入ったほうがいいと言い張ります。いっそう大変さを増していた当時の受験戦争に巻き込まれないためです。私も熟考を重ね、その考えに納得しました。エリートコースを進むよりも、「効率的に」やりたいことに近づくにはそのほうがいいかなと考え直しました。

私は、幼少のころから祖父の薫陶《くんとう》を受けた母にさまざまな話を聞くうち、マネジメントに興味を持つようになりました。いつかは経営者として組織を動かしたい。そのためには受験戦争で疲弊するより、のびのびと好きな勉強に取り組んだほうがいいと思ったのです。

3年後、同志社香里《こうり》高校に進みます。同級生の出世頭は、カルチュア・コンビニエンス・クラブ株式会社社長の増田宗昭君です。

もし公立高校に進んでいたら、私が大学受験をするのは1969年でした。その年は「東大闘争」のため、東京大学の入試が行われませんでした。そのため、本来ならば東大を受験するような優秀な学生がいろいろな大学に流れて来ました。通常の年より、大学入試のレベルが高くなったのです。まさに、母敏子の予感が当たりました。

附属校なので、エスカレーター式に同志社大学に入ることはできます。ただ、希望の学部に入れるかどうかは、高校の学力テストによって決まります。成績が上位の生徒から希望の学部を選べるようになっていました。当時の順位は、理工系では電子工学科、電気工学科、機械工学科、化学科の順、文系では経済、商、法、文の順でした。

このときも、母敏子のサジェスチョンが響きました。

当時は、まだベトナム戦争の真っ只中です。戦争を放棄していたとはいえ、日本もいつ戦争に巻き込まれるかわかりません。

「理工系に行きなさい。理工系に行けば、戦争に行く必要がなくなるから」

母敏子の勧めもあって、なおかつ学校の成績もまあまあ良かったので、希望した電子工学科に滑り込むことができました。

理工系の学科の学生は、全員ゼミに入ることが義務づけられていました。私は電子ライターを点火するときに「カチカチカチ」と音を立てる「圧電素子」を研究するゼミに入ります。ただ、ゼミに出るよりもアルバイトと麻雀に明け暮れた不良学生で、大学入試を勝ち抜いてきた優秀な学生に借りたノートでどうにか卒業にこぎつけました。

銀座4丁目の店が私の人生を決めた

うまく4年で卒業の見込みとなり、いよいよ就職です。

友人のほとんどは、当時の関西の家電御三家、松下電器産業、シャープ、三洋電機を目指しました。実際は、ゼミの先生の推薦状があればほぼ入れたようです。でも、私は友人たちと同じような道を歩こうとは思いませんでした。先ほどもお話ししたように、研究や開発ではなくマネジメントをやりたいと思っていたからです。

マネジメントを極めるには、人のマネジメントスキルを持たなければなりません。家電御三家のような巨大企業に入ると、部下を持つまでに時間がかかります。管理職の課長になるには、最短でも30代半ばぐらいまで待たなければなりません。生意気を申し上げるようですが、あまり興味がもてませんでした。若気の至り（?）だったのかもしれません。

祖父が経営する大幸薬品に入るという選択肢も早々に消えていました。当時はまだそれほど会社の規模も大きくなければ、上場もしていません。そのようなところに入っても、私のイメージするマネジメントはできないと思ったからです。当時はまだ漠然としていましたが、もっと大きな組織でさまざまな人と組んで世の中に足跡を残すような価値ある仕事をしたいと思っていました。

その点で、唯一興味があったのは広告代理店です。当時から、すでに電通や博報堂は人気企業でした。実際、私は電通の就職試験を受けています。そして、それがきっかけで、偶然にも運命の出会いに恵まれることになります。

当時、電通の本社は築地にありました。試験を終えて帰る道すがら、時間があったので銀座をブラブラしながら帰ります。銀座4丁目あたりにさしかかったとき、人だかりができているのに気づきました。

それが、1971年にオープンした日本マクドナルドの第1号店、銀座三越の1階に入っていたマクドナルドです。

当時はカウンターだけしかありません。買った人は、近くの歩道で立ったまま食べています。2年前にオープンしたというのに、歩道には品物を買う人の列と、ハンバーガーやポテトを頬張る人であふれていました。ほとんどが若い人です。その活気のようなものを見て衝撃を受けたのです。

誘われるように、列の後ろにつきます。15分か20分ほど待ったでしょうか。ハンバーガーとポテト、それにコーラを頼んで人だかりのなかでそれを食べました。

それまで、ハンバーガーを食べたことはありません。人だかりができている状況と食べたことのない味に再び衝撃を受け、すぐに「これは絶対にブームになる」と思ったことを覚えています。

地元に戻ってから調べるうち、日本マクドナルドは外食産業というよりベンチャー企業のイメージが強かったように思います。うまくいけば店舗数が増え、マネジメント層のポジションが空く。大企業と違って出世も早そうだし、面白そうだと思いました。

もちろん、まだどうなるかわからないレベルです。リスクもあるけれどもハイリターンもある。私はリスクがあってもハイリターンをとる気質の学生でした。「ただの大きな会社よりも伸びそうな会社に行きなさい」という母親のアドバイスも私の背中を押しました。

日本マクドナルドの就職試験は、一般常識のペーパーテストと英語のテスト、最後に面接がありました。そこで創業者の藤田田さんに会いました。大阪の千里山の祖父の家の向かいに住んでいた人が、目の前にいる偶然は、我ながら運命を感じました。

「どういう就職活動やってるんや?」

「電通を受けています」

正直に言いました。すると、藤田さんはこう言います。

「だったら、うちへ来てマーケティングのヘッドになって、電通使ったらええがな」

当時から、アメリカのマクドナルドはマーケティングとオペレーションがダントツに強かった。当時はそこまで明確には知らなかったことですが、リスクだの恐れだのというのは全然ありませんでした。時は高度成長期、会社が倒産したという話もあまり聞かなかったので、迷うことなく日本マクドナルドへの入社を決めました（ちなみに、後年になって、実際に私は日本マクドナルドのマーケティングのダイレクターを務め、電通とも仕事をしたので、藤田さんがおっしゃったとおりになりました）。

藤田さんにお会いして「こんな社長で大丈夫かな」という印象を受けたら、そこで軌道修正するという選択肢もありました。でも、会ったときからオーラがものすごい。関西人特有の人懐っこさと、自分の発する言葉に対する強烈な自信から、将来は500店舗、1000店舗まで広げるという言葉が、口からでまかせには聞こえませんでした。この人についていっても大丈夫だ。そう確信しました。

日本マクドナルドの内定をもらうと、ゼミの先生に報告しました。そのころは、まだハンバーガーなるものは一般的には認知されていません。もちろんマクドナルドのテレビCMもない時代です。

「中澤くんは、どこに就職するの？」

「はい、日本マクドナルドです」

先生はピンとこなかったようです。

「ん？　それは、どこの化粧品屋さん？」

「実は、ハンバーガーを売っている会社です」

「ん？　ハンバーガー？　それはハンバーグとどう違うの？」

先生には、ハンバーガーの説明からはじめなければなりませんでした。それほど、日本マクドナルドという外資系企業が認知されていない時代です。

「もっといいところがあったんじゃないの？」

先生は親心からおっしゃったのでしょうが、私のキャリアのスタートとなる会社は、世間からはそんな位置づけをされていた会社だったのです。

創業社長のすごみ

1971年7月20日に日本マクドナルドが第1号店となる銀座店を出店したのは、前述したように銀座4丁目にある三越の1階でした。当時の三越銀座店の店長が、ゆくゆく社長になって世間を騒がせる岡田茂さんです。

もともと藤田さんは、ジュエリーやクリスチャン・ディオールなどのバッグを輸入する藤田商店を経営していた関係で、三越とは取引関係がありました。大阪出身で、東京大学法学部を出て、英語が達者なので、学生のときから進駐軍の通訳をやっていました。

でも、藤田さんが本当に「台頭する」のは日本マクドナルドの創業です。日本にマクドナルドを持ってくるためには、アメリカの創業者レイ・クロックさんを口説かなければなりません。アメリカに乗り込んだ藤田さんは、交渉の末、アメリカ本社に支払うロイヤルティを1％という破格の条件で契約したのです。

30年契約ですが、現在のロイヤルティの数字からは考えられない好条件です。藤田さんの交渉術としては「1％という低い水準でもこれから認知されれば店舗展開を拡大していくことができるから、1％でも本社は潤《うるお》う」とでも言ったのだと思います。

マクドナルドの日本における店舗展開には、藤田さんの前にもダイエーの中内㓛さんなどが挑戦しています。中内さんが断られて藤田さんが契約できたのは、英語力と独特の交渉術だったのでしょう。

藤田さんは、その交渉術で続けざまに怪物のような三越の岡田さんも口説きました。怪物を口説くことができるから、藤田さんも怪物と呼ばれたのでしょう。

藤田さんは、当時からみんながやらないことをやる人でした。常にブルー・オーシャン（未開拓市場）を狙っていたと思います。リスクはないけれども大当たりもしないレッド・オーシャン（既存市場）で勝負することは避け、リスクがあっても当たれば競争相手のいないホワイトスペースを探し続けるのは、藤田さんの姿勢であり、そして外資の常識でもあります。

オペレーションとマニュアルの重要性

入社してからは、1週間ほど代々木にあったオリンピック村の施設で集合研修を行い、その後は当時御茶ノ水にあったマクドナルドの教育機関「ハンバーガー大学」でBOC（ベーシック・オペレーション・コース）を学びました。1週間そこに通ったあとは店舗での研修です。

日本マクドナルドには、当時から詳細なオペレーションマニュアルがありました。いま思い起こしても、そのマニュアルの完成度はかなり高いと思います。ここで言うオペレーションとは、きちんとしたマニュアルがあり、そのマニュアルを100％遂行する運営能力のことを指します。

日本人には、マクドナルドのような精緻《せいち》なマニュアルは作れないと思います。それは「ゼロ」からものを生み出す発想力に欠けているからです。マニュアルとは手順のことですが、その手順を作るのにも、アメリカのマクドナルドの場合は専用のラボ（研究所）があります。大きなスペースを使って実際の店舗と同じレイアウトを再現し、どの動き方が一番効率がいいかをあらゆる角度からビデオに撮影して検証します。機器をどのようなレイアウトにすれば、いまよりももっとスムーズにハンバーガーを作れるか。そういった方法で、これ以上ないオペレーションを構築するのです。まさに、アメリカが誇る究極の効率性を追求する姿勢の表れです。

私は、アメリカに渡ったときにその部署に所属しました。仕組みを指示されれば日本人はマニュアルを作ることができるかもしれませんが、ゼロベースからその仕組みを構築するためのアイデアが出てこない。効率的な仕組みを作ることができないのです。

その一方で、日本人にはマニュアルを堅実に実行する、たいへんに高い能力がありま す。現在でも日本マクドナルドや東京ディズニーランドのオペレーションは、ほかの国々よりも秀《ひい》でていると思います。マニュアル通りにきっちり遂行する能力は、日本人に備わっている特長なのかもしれません。

ところが、日本人はマニュアルをネガティブなものととらえる傾向があります。

「マニュアルにあることしかできない」

これは、仕事を批判するときの常套句《じようとうく》です。そこには、マニュアルを主体的に作れないことによる「やらされ感」があるからかもしれません。

しかし、マニュアルは均一で仕事がしやすくなる、経験のない新人でもトレーニングしやすいというように、効率的で生産性も高める。とくに日本の場合は新卒一括大量採用を行うため、マニュアルをベースとしたオペレーションは非常に大事になってくるのです。

外食産業の場合、店舗のオペレーションには、①接客マニュアル、②商品を製造する手順のマニュアル、③製造した商品を一定時間保管・管理するマニュアルの三つが必要になります。オペレーションの目的は「効率」「均質」です。それを実現するのがマニュアルということです。

最終的には、外食産業では「クオリティ」「サービス」「クリンリネス（清潔感）」の欠如は絶対に避けなければならない要件です。高品質、レベルの高いサービス、レベルの高い清潔さを提供するには、マニュアルに基づくオペレーションがなければ不可能です。

マクドナルドの場合は、そのオペレーションの上にどれだけの「バリュー（付加価値）」を積み上げられるかということを考えます。そもそもオペレーションがしっかりしていなければ、付加価値を生み出すことはできないと考えるのです。

また、アメリカの現場は店長の裁量が大きく、マニュアルを超越してイレギュラーな対応をするケースも頻繁にあります。日本の場合は、お客さんの都合に合わせて臨機応変、機動的にマニュアルを運用する機会が少ないように思います。

こういうケースがあります。デパートに自分の欲しいバッグがあった。デパートの価格を見ると1000ドルだった。しかし、別の店では900ドルで売っている。その証拠《エビデンス》を示しながらフロアーマネジャークラスに説明すれば、100ドルの値下げには応じてくれる。これがアメリカの現場対応です。ほとんどの場合、日本のデパートで同じようなことをお客さんが言ったとしても、おそらく対応はできないでしょう。

家電量販店は日本でも同じ対応をしますが、アメリカでは値引きするとともに「そういう情報を教えてくれてありがとう」とまで言われます。日本で生活していて、なかなかそういうことは言われません。

精緻なマニュアルがあり、まずはそれを忠実に遂行するのは当然です。ただ、私は一から十までマニュアルに従うべきだと言いたいわけではありません。マニュアルの遂行ができるというのが前提ですが、マニュアルに書かれていない部分の融通をきかせられるのがオペレーションの大事な部分だと申し上げたいのです。

最終的に、お客さんの満足度を上げるのがオペレーションの主眼です。ケースごとに異なる現場対応を、マニュアル一辺倒で行うのはサービス業の姿勢として誤っています。それでも、ベースとなるのはマニュアルであることに変わりはありません。

日本マクドナルドで学んだ人事戦略の重要性

藤田田さん個人の気質もそうでしたが、日本マクドナルドにはとりあえず何でもトライしろという文化がありました。そういう意味では、店長としての仕事もトライの連続でした。

ちょうど私のマクドナルド人生と歩を同じくするように、1973年から日本マクドナルドがはじめてのテレビCMを流し始めました。

「♪味〜なことやるマク〜ドナルド」

そのおかげで、知名度が急激に上がりました。それが初期のターニングポイントで、売り上げは毎年倍々ゲームを繰り返します。売り上げが倍になると、従業員の活気が出るものです。やや不安に思っていた従業員も、これはいけると確信しました。

藤田さんは、常に500店、1000店の店舗展開をするという大きなビジョンを出し続けていましたが、従業員のモチベーションを高めるために、こう言っていました。

「従業員には、日本一の年収をやる」

普通の日本企業の場合、ボーナスは年2回です。マクドナルドでは夏と冬に加えて、決算ボーナスがありました。業績が好調のときは、年間12ヵ月ぐらい出ていました。つまり、年間のベースサラリーと同額のボーナスがあったわけです。

業績に対して、従業員にも正当なインセンティブを与える。そのスタンスにやる気が引き出されました。日本企業にも決算賞与を出す会社はありましたが、トータルで年収と同額のボーナスを出す会社はなかったと思います。


入社から丸2年経った1975年ごろ、神戸市三宮店や京都新京極店などの店長を任されました。店長を2年弱で終えると、地域の4～5店舗ほどを担当するスーパーバイザーに抜擢《ばってき》されました。入社から4年、26歳の若造がです。

店長は「プレイングマネジャー」なので、自分で店舗を回すことができます。でもスーパーバイザーになると、自分1人だけで5店舗の店長を兼務することはできません。部下に任せ、かつ部下をマネジメントする力量が求められる——マネジメントの質が変わるのです。店長は「ダイレクトマネジメント」ですが、スーパーバイザーは「インダイレクトマネジメント」になります。管理職として成功するか否かは、その切り替えがポイントになってくると思います。

私も、はじめは部下の店長にどの程度任せればいいのかわからず、自分の店長としての経験を押しつけるような上司でした。

しかし、ほとんどの店長は私より年長者です（当時は中途採用を新卒よりも多く採用していました）。いくらスーパーバイザーとはいえ、店長としてはあまり細かいことは言ってほしくない。部下が年下であれば多少押しつけがましくても言うことを聞いてくれますが、年上はなおさら反発が強くなります。

そこで、自分なりに考えました。部下であっても、年長者であるからには相手を敬う姿勢を忘れず、必ず敬語で話すようにしました。それがいまだに抜けません。どんなに厳しいことを言ってもソフトに聞こえるから、相手は聞く耳を持ってくれます。

ただ、ある程度は任せる、権限を委譲する必要はありますが、放任主義にすると店長の経験値では解決できない問題もあり、たいていは失敗します。店長の能力レベルに合わせ、訪問頻度を変えたりしながら常に状況を把握していました。

理想的な状態は、能力が高く評判のいい店長を売り上げの大きい店舗に配置することです。毎年10％の成長をさせる力量があった場合、2億円の年商の10％と1億円の年商の10％とでは、金額に大きな開きが出てくるからです。人員配置も含めた人事戦略こそが、マネジメントの要諦であることはこのころから学んでいました。

かつては「十人十色」と言われましたが、いまは部下が100人いたら100色あると考えたほうがいいでしょう。Aさんに対してはAさんに対する対処の仕方があり、それはBさんやCさんには使えません。同じパターンでできるものではないので、一つひとつ経験を積み重ねていくしかありません。外資だからといって、そこは日本企業と変わらないと思います。


その部分を克服できたからこそ、次のステップに進むことができたと思います。スーパーバイザーとして2年間仕事をしたあと、その上の統括スーパーバイザーに昇格することになりました。4〜5店舗を担当するスーパーバイザー7〜8人を束ねる立場です。合計すると、30から40店舗を見る計算になります。マクドナルドの場合は1店舗当たりの売り上げの平均が2億円ぐらいなので、60億円から80億円という、ちょっとした中小企業の規模のマネジメントを任されることになりました。

実際、単年度の計画や人事評価会議などは、統括スーパーバイザー単位で行われています。収益管理と人事管理を行うということは、一つの会社のマネジメントを担うと言っていいでしょう。


藤田さんも、ジョイントベンチャーにもかかわらず、アメリカの仕組みやシステムを採り入れようとしていました。人事評価もそうです。新卒で入った当時から、日本マクドナルドでは年に4回の人事評価をやっていました。その結果を、上司から本人に必ずフィードバックしていました。

私たちからすれば、それが当たり前だという感覚でした。むしろ、日本の会社はなぜ本人に評価を伝えないのか不思議でした。評価を伝えられるからこそ、自分のストロングポイントとウィークポイントを知ることができるのですから。

ストロングポイントを伸ばし、ウィークポイントを改善することでしか、ビジネスパーソンとしての成長はありません。日本企業で評価をフィードバックする会社、従業員が自らを改善する機会を与える会社はもっと増えてほしいと思います。

日本の大手企業も、何らかの評価制度を導入していたと思います。しかし、１９７０年代後半から１９８０年代前半で、評価の内容を本人に直接フィードバックする日本企業は極めて少なかったと思います。

第3章　アメリカは日本の30年先を進んでいた

アメリカ・シカゴのマクドナルド本社で修業中、私はいたるところでオペレーションの神髄《しんずい》のようなものを目の当たりにすることになります。その奥にある理念や考え方は、とても興味深いものがありました。そして、外資のやり方を自分なりに工夫・アレンジすることで、少しずつ自分の仕事に応用していくようになりました。

フランチャイズが生み出す力

第1章でお話ししたように、日本マクドナルドがアメリカ・カリフォルニアに店舗を出したのをきっかけに、私はゼネラルマネジャーとして渡米します。その後、私は日本に戻らず、転籍という形でシカゴにあるマクドナルド本社に行くことになります。

1985年から3年間、所属したのはアメリカ・マクドナルドのオペレーション・デベロップメントという部門でした。オペレーションの開発、マニュアル制作、調理機器の開発、店舗レイアウトの効率化などを行う部署です。全世界から30人ほどの精鋭が集まる部隊です。

私の担当は大きく二つ。一つはアメリカでのPOS（販売時点情報管理）の開発です。当時、日本マクドナルドと松下通信工業（現在のパナソニックモバイルコミュニケーションズ）が日本マクドナルドで業務用のPOSを合同開発していました。日本で私がそのオペレーションを担当していた関係で、アメリカでもその効率化をはかるためのスペック作りを任されます。出来上がったスペックに基づき、松下通信工業が仕様書に起こして、あとはソフトウェアを組み上げるという段階まで進めました。

日本マクドナルドは一時期80％が直営店でしたが、アメリカのマクドナルドは約80％がフランチャイズです。

驚いたのは、アメリカではフランチャイズのオーナーはマクドナルドのオペレーションにかなり精通しているのです。さらに、マクドナルド本社が開発したオペレーションにとどまらず、自分で勝手にオペレーションを開発するオーナーもいるほどです。

郊外型の店舗では日本でも標準装備になりましたが、たとえばドライブスルーはサンディエゴのオーナーが、近くにある海軍の軍人が制服のまま店舗に入ることを禁じられていたため、店に入らなくても商品を買えるようにと、車のまま買い物ができるドライブスルーを作ったと言われています。

最近では日本でも見かけることが増えましたが、もともとは1レーンしかなかったドライブスルーを2レーンに増やしたのも別のオーナーの発案です。ピーク時で1レーン当たり1時間180台さばけるのですが、さらに生産性を上げるために2レーンに増やし、1時間で360台さばくことに成功しました。

問題は、厨房《ちゅうぼう》が一つしかないことで、商品引渡しのブースが片方のレーンにしかなかったことです。そのオーナーは、問題を解決するためにベルトコンベアまで作ってしまいました。手前のレーンを飛び越え、もう一方のレーンのブースに商品を届けるためです。フランチャイズのオーナーが、規定のオペレーションのさらに上をいくことをやれるほど自由だったのです。

いまは定番商品となったフィレオフィッシュも、ある地区のフランチャイズオーナーが開発したものです。

かつて、カトリックは金曜日に肉を食べない習慣がありました。金曜日にマクドナルドで食べられるものを、とオーナーが考えたのが魚です。それが発展したものが、現在のフィレオフィッシュという商品です。

フランチャイズのオーナーがオペレーションや商品を開発し、優れたものであれば本社として採用して全店に普及させる。そういう形は頻繁に行われていました。

最短の時間でできたてを提供する仕組み

POSの開発とともに、私がアメリカで担当したもう一つの仕事が、今日、世界のマクドナルドで導入されている「メイド・フォー・ユー」というシステムの開発でした。これはバーガー類の完成品のつくり置きをせず、お客さんから注文が入ってからつくり始め、常に「できたて」を提供するサービスシステムです。その開発に、オペレーション・デベロップメントにいた私も参加したわけです。

完成品には、それぞれ「ホールディングタイム」が設定されています。ハンバーガー類は10分、フレンチフライポテトは7分、コーヒーが30分です。このホールディングタイムを超えるとすべての商品は廃棄されます。ハンバーガー類の場合、10分以上経過するとミートパティの肉汁がバンズに染みてしまい、商品として成り立たないのです。

この廃棄の比率が、それまで売り上げの1％から2％を占めていました。それをコントロールするのも、オペレーションの一環です。一部の新興国では貧困のために食べるものがないなか、先進国の外食産業がまだ食べられるものを廃棄するのはバッシングの対象です。できる限り商品のロスを少なくしようという発想がありました。

マクドナルドでは、ミートパティが2種類あります。レギュラーバーガーに使う10分の1ポンド（約45グラム）と、クォーターパウンダーという4分の1ポンド（約113グラム）の2種類です（現在、日本ではクォーターパウンダーは取り扱われていません）。

マクドナルドのハンバーガー類の調理では、ミートパティを焼くのがもっとも時間がかかります。そこを短縮するため、あらかじめミートパティを焼いておき、それを30分間保管することができる保温庫を開発しました。これにより、オーダーが入ってから作っても素早く出せるようになります。

従来は、鉄板に最大12枚のミートパティを並べ、スパチュラでひっくり返しながら焼いていきました。10分の1ポンドは比較的スピーディに焼けますが、クォーターパウンダーは肉が分厚いため、クッキングタイムも長かったのです。

クォーターパウンダーのクッキングタイムを半分に短縮しようと、下からの熱源だけで焼くのではなく、上からの熱源を加えることにしました。上下からサンドウィッチ式に挟み込んで焼く「クラムシェル」という方式を開発したのです。

たしかに短縮化は図れましたが、それでも1分以上のクッキングタイムがかかっていました。そこまでお客さんを待たすわけにはいきません。それに、フィレオフィッシュやチキンフィレなどは2分以上かかっていました。

そこで、各種パティを事前の予測に基づいて調理しておき、注文が入った段階でバンズをトーストします。トースト機器も10秒で完成するものを開発し、時間短縮を図りました。ハンバーガーであれば、10秒でトーストされたバンズのヒール（下の部分）に事前に作って保温庫に入っているミートパティを乗せます。続いて、バンズのクラウン（上の部分）にマスタード、ケチャップ、ピクルスを乗せ、最後に両者を挟んで出来上がり。ここまでおおよそ30秒で完成します。この保温庫のおかげでオペレーションもスムーズになり、お客さんを待たせる時間も短縮され、（保温庫のホールディングタイムの）30分で売れなくても、ミートパティだけの損失で済みます。コストが下がるだけでなく、ホールディングタイムを10分から30分にまで延長できるようになったのです。

私がアメリカにいた間には完成しませんでしたが、開発の基礎となる部分までは完成させてから帰国しました。アメリカでメイド・フォー・ユーが導入されたのは、１９９０年代のはじめです。日本マクドナルドでは、それから10年ほど遅れて２０００年ぐらいから導入されました。

マクドナルドでは、オペレーションを最適化するための調査・分析を重ね、それを実現させるというサイクルが常に回っているということです。全世界で起こったオペレーション上の問題や課題、そしてメリットを集約し、共有しているのです。

フランチャイズビジネスの秘密

アメリカのマクドナルドでは、2年に1度、全世界のフランチャイズのオーナーさんを集めて「グローバル・フランチャイズ・オーナーオペレーター・コンベンション」を開催しています（アメリカではオーナーを正式には「オーナーオペレーター」と言います）。

参加者はおよそ2万人。当時はフロリダのディズニー・ワールドの「マジック・キングダム」を借り切り、夕方6時から夜中の1時まで、オーナーさんファミリーはアトラクション乗り放題です。ファミリー全員が泊まれるホテルを用意し、翌日はコンベンションセンターを借り切ってコンベンションが行われます。そこにマクドナルドの店舗を2店舗つくり、最新の機器やオペレーションの改善点をプレゼンテーションし、効率性と生産性をアップするための方策を本社が用意します。同時に、全世界から集まってくるオーナーさんの意見を吸い上げ、本社でのオペレーションの研究に生かしていました。

フランチャイズビジネスは、外食産業だけでなくサービス業にはお馴染みです。さまざまなフランチャイズビジネスを見てきましたが、マクドナルドのフランチャイズシステムは世界一だと感じています。その理由はこうです。

アメリカのマクドナルドは、80％の店舗がオーナーさんとの間にフランチャイズ契約を結んでいます。直営店は20％しかありません。

車社会のアメリカの場合、大半がドライブスルーを持っている店です。つまり、十分に広い土地と建物が必要です。この土地と建物はマクドナルドが購入し、フランチャイズのオーナーにリースする形になります。

大きなショッピングセンターのフードコートに出店するケースも数多くあります。このときも、まずはフードコートの建物の所有者とマクドナルドの本社が直接賃貸借契約を結び、フランチャイズのオーナーさんにサブリースする形態にします。つまり、場所に関してはすべて本社がコントロールできる立場にあります。

その意味で、アメリカのマクドナルドはレストランという業態より、限りなく不動産業に寄っています。1万4000店もの店舗展開をするマクドナルドは、おそらくアメリカの上場企業の中でももっとも不動産を所有している企業の一つではないでしょうか。

マクドナルドが不動産を所有するのは、明確なメリットがあるからです。

あるフランチャイズのオーナーさんの店舗が、オペレーションの質が低いために思ったほど売り上げが上がらないとしましょう。フランチャイズの管理・運営を担当する「フィールドコンサルタント」は、担当する店舗の売り上げやオペレーションの状態を抜き打ちでチェックしているので、すぐにわかります。

チェックされるのはそれだけではありません。フランチャイズのオーナーさんが売り上げを伸ばすために必要な投資をしているかどうかなども見られます。グランドオープンしたときは、当然ながら店舗内はきれいです。しかし、4年、5年経過すると陳腐化、老朽化していきます。その状態を改善するため、客席、厨房を5年に1度の頻度で改装する投資を行っているかなど、複数の項目でチェックするわけです。

問題が発覚すれば、オーナーさんにフィードバックします。しかし、フィードバックされた改善点を放置したまま1年、2年が経過してしまうようであれば、次の契約は更新されない可能性が高いです。

なぜ、このように一見シビアに思えるようなことが可能なのでしょうか。

それは、マクドナルド本社がフランチャイズの土地建物を所有しているからです。不動産を押さえているということは、いくらそこで事業を営んでいるのがフランチャイズのオーナーさんだからといって、そこに居座ることはできません。

前述したように、サービス業は「クオリティ」「サービス」「クリンリネス」の3つの項目のレベルを高く維持しないと成り立ちませんが、それに対するオーナーさんのオペレーションやマネジメントが的確でなければ、別のオーナーさんに交替させる必要がある。いざというときのための契約解除を容易にするシステムが、不動産の所有なのです。ちなみに不動産を所有していないケンタッキーなどは、この方法を行うことはできません。

アメリカは車社会なので、道路の開発が盛んに行われます。これまではずっとメイン道路だったのに、翌年、急に横にバイパスができることなど日常茶飯事です。車の流れを見てそこに出店したのに、流れが変わるとお客さんが入りにくくなり、売り上げは激減してしまいます。

そんなときは、新たにメイン道路となった場所に新店舗を出店します。もともとあった店舗のオーナーさんに任せることもあれば、新たなオーナーさんをつける場合もあります。旧店舗に関しては売却するのではなく、別会社のファミリーレストランなどに賃貸に出します。

さまざまな環境変化があっても、不動産を持っていれば機動的に対応することができます。それは、業績の変化にも柔軟に対応する余力を残すことになります。

アメリカのマクドナルドの業績がいいか悪いかは、直営とフランチャイズの店舗数を見ればよくわかります。業績が悪化すると、利益を出さなければなりません。そのときの方法として、直営店舗の営業権をフランチャイズのオーナーさんに売却するのです。

当時、営業権は売り上げの40％程度でした。マクドナルドの場合は200万ドル（当時のレートで約2億円）ぐらいの年商が平均的なので、営業権は80万ドル（同約8000万円）で売れます。たとえば直営店を100店舗ほど売却すれば、たちまち8000万ドル（同約80億円）が売却益として入ってきます。

業績が回復したら、再び直営比率を上げていきます。アメリカは1万4000店舗もあるので、フランチャイズのオーナーさんのなかに「もう私はリタイアしたい」と言い出す方が必ずいます。そういうオーナーさんが管理していた30店舗、40店舗ぐらいはすぐに買い戻すことができます。ここまで柔軟にフランチャイズを本社主導でコントロールできるのは、不動産を戦略的に保有するマクドナルド以外にはないと思います。

日本の場合は不動産価格が高いので、日本マクドナルドの本社は基本的に土地を持っていません。土地は土地の所有者から賃借し、その保証金を所有者に支払います。日本マクドナルドが支払った保証金で、所有者に建物を建ててもらいます。その建物も所有者から賃貸で借り、日本マクドナルドは賃借した建物をフランチャイズのオーナーさんにサブリースする形をとります。先ほどのフードコートのケースと同じスキームです。

マクドナルドのオペレーションは効率を徹底的に追求していました。出店の仕方も効率を重視します。

時間短縮、効率化のためには、マクドナルドは惜しみなく投資します。なぜ外資にできて日本企業にできないのか。生産性向上と効率化のための基本的な考え方が違うからにほかなりません。

「働きに応じた収入《ペイ・フォー・パフォーマンス》」という考え方

このときのアメリカ滞在でも、ショックを受けたことがいくつもあります。

アメリカ企業の効率化・生産性向上の話とは若干離れますが、日本でようやく導入されてきたことが、アメリカでは30年前から当たり前のように行われてきたという好例ばかりですので、ここでまとめてお話ししておきたいと思います。

１９８０年代後半の時点で、まずアメリカに渡る飛行機が禁煙になっていました。アメリカに着くと、マクドナルド本社も禁煙でした。

本社のあるシカゴの冬は日本に比べてかなり寒いにもかかわらず、日本で言う「ホタル族」のように、氷点下のなかベランダに出てタバコを吸っていました。おかげで、毎日ショートピースを2缶吸っていた私も、きっぱりタバコをやめることができました。

日本マクドナルドの店舗があったカリフォルニア州では、かなりの数のレストランが禁煙になっていました。日本のように、とりあえず分煙などという甘いことはしません。タバコが体に悪いとなったら、その影響を受けやすい子どもや女性が出入りする確率の高い場所は即座に禁煙になります。その代わり、バーは喫煙が許されていました。

２０２０年には東京都の飲食店が原則として完全禁煙になります。日本のオフィスでも着実に分煙は進んでいますが、30年以上経ってもアメリカのように徹底されてはいません。いずれはアメリカのように完全禁煙が進んでいくと思います。

日本では、1986年に男女雇用機会均等法が施行されましたが、その理念とはほど遠い状態です。2018年に世界経済フォーラムが発表した「ジェンダー・ギャップ(男女格差)指数」では日本は149ヵ国中110位です。1980年代後半のアメリカでは、男女差別、人種差別などが行われないように、より具体的なアクションが行われていました。日本から来たばかりの私に対し、マクドナルド本社の人事は口をすっぱくしてこのことをレクチャーしてくれました。

〈履歴書には、いっさい顔写真を載せてはいけません。顔写真があれば、即座に男性か女性か、白人か有色人種か、若いか老齢かがわかってしまい、差別につながりかねないからです。大事なのは「その仕事ができるかどうか」で、その人の属性ではないからです〉

記入項目も日本とはまったく違いました。生年月日の記入欄、男女の記入欄、既婚・未婚の記入欄もいっさいありません。ここに挙げた項目は、すべて差別の温床になりかねないからです。

セクシャルハラスメントやパワーハラスメントに対する注意喚起も、人事から研修のときに繰り返し念を押されました。セクシャルハラスメントやパワーハラスメントに関する懲罰委員会もありました。

アメリカ企業には定年がないため、募集時点の年齢は関係ありません。若い人ばかり採用すると、年齢の高い人は生産性が悪いと言っているようなもので、それこそが差別と認定されてしまうリスクがあるからです。

一方で、差別をなくそうとするあまり、女性、黒人などが優先して昇進していく傾向が見られました。マイノリティ（黒人男女・白人女性・ヒスパニック・アジア系など）に関しては、たとえば黒人女性と白人男性を比較し、能力的にイコールだと判断された場合、先に昇進するのは黒人女性でした。白人男性が逆差別されていたのです（一定数のマイノリティを上級管理職に昇進させると税制の優遇が受けられるといった法律もありました）。ですから、白人男性たちは昇進するのに有利なＭＢＡ（経営学修士）を取得しようと躍起になっていました。

企業内での徹底した成果主義を目の当たりにしたのもこのころのことです。

米国マクドナルドでは、個人の業績が悪くなれば、タイトルダウン（降格）が普通に行われていました。

外資には「ペイ・フォー・パフォーマンス（働きに応じた給与）」という絶対的な考え方があります。業績がいい人は評価され、お給料も上がります。反対に、業績が悪ければ評価を落とし、給料も下がるのがきわめて普通でした。

評価されて役職が上がれば、それに伴って仕事のサイズは増えていきます。必然的に課せられるハードルも高くなります。優秀な人がいれば、日本の場合は組織に人を当てはめるという発想をとりますが、外資の場合は優秀な人が活躍しやすいように組織をつけていきます。そうなると、優秀な人はますます仕事のサイズが大きくなり、それを乗り越えようとするから能力も引き上げられていきます。忙しくなったとしても、それだけの仕事をこなす能力があるから、より生産性を上げて効率化を進めていくという正の循環にはまっていくのです。

藤田社長が助手席に座り続けた理由

1985年当時、日本企業では1年に1回の決算で業績が測られていました。進んだ企業でも、せいぜい半期決算が行われていたぐらいです。しかし、アメリカではすでに四半期決算が行われていました。

マクドナルドは当時から社外取締役も導入し、それとは別に「アドバイザリーボード」という機能も取り入れていました。アドバイザリーボードは、取締役会（ボード）に対してフィードバックする機能をもったアドバイザーの集まりです。アドバイザーはさまざまなディスカッションを行い、対象企業の経営にサジェスチョンを与えます。

そこには、日本マクドナルド社長の藤田田さんも名を連ねていました。

私がアメリカにいた当時は、四半期ごとにアドバイザリーボードのために藤田さんがマクドナルド本社に来ていました。ボードミーティングの前に、会社から提示された課題についてディスカッションを行い、ボードに投げ返すという作業に加わっていました。

マクドナルド本社にいた日本人の私は、空港まで藤田さんをリムジンで送迎しました。

通常、役職の高い人は車の後部座席に座るものです。しかし、藤田さんは必ず助手席に座ります。そこに座って、藤田さんは現地の運転手と直接話をし、フロントガラスから見えるアメリカの町並みを食い入るように見ていました。その視点は、経済の動きを肌感覚で知ろうとする貪欲《どんよく》な姿勢です。

たとえば、クレーンが数多く立っていれば、建築ブームに象徴されるようにアメリカの景気がいいと判断できます。コンシューマーインサイト（消費者の本心）というマーケティング用語がありますが、そのデータを自らの皮膚で感じ取ろうとする姿勢を目の当たりにして、さすが藤田さんと脱帽しました。それを真似て、私も海外に行ったときはできるだけ助手席に座るようにしています。

アメリカでは社会システムでも当時から先進的な取り組みが進んでいました。司法の面では、司法取引や裁判員制度がこのときすでに実施されていました。日本では裁判員制度が２００９年から、司法取引は２０１８年になってやっと導入されました。

ここまで挙げた制度のうち、いくつかの項目は日本に導入されています。まだ入っていないものも、遅かれ早かれすべて導入されるはずです。アメリカで行われている社会制度や社会システムは、役に立つものであればほぼ日本に導入されると言っても過言ではありません。

現在のアメリカを知っていれば、いろいろと事前準備ができます。どうせやるのであれば、早くやったほうがいい。必ず痛みは発生するでしょうが、痛みばかりに配慮していたら、いつまで経っても何もできません。

日本企業はアメリカ企業と比べて、生産性が低く、利益率が低い。だから当然のことながら、給料も低くなります。会社の評価もそうです。アメリカでは、仕事のできる人は給料の半分ぐらいをボーナスで手にします。反対に、目標を達成できなければボーナスゼロです。

しかし、日本の場合はそうなっていません。業績が良かろうが悪かろうが、だいたい平均値に落ち着いてきます。同じ役職で、業績を上げた人と業績を上げなかった人の給料の差が倍以上になる日本企業を私は知りません。

マクドナルドに入社してから、私の発想のなかに効率化という概念が刷り込まれました。マクドナルドが常に効率化を考えている会社だからです。どうやって生産性を上げるか。それが自分の思考のベースにも構築されたと思っています。

しかし、アメリカには私の想像をはるかに超える効率化がありました。まだまだ甘いと思いました。アメリカと外資にある効率化と生産性向上の文化を、さらに吸収したいという意欲が芽生えてきたのです。

第4章　外資の高い効率と生産性

日本に戻ってから約10年後、外食から物販へと仕事場を移した私は、そこで両者の大きな違いを知ることになります。これまでの外資での経験をもとに大胆な企業改革にも挑みました。私なりの創意工夫を加えながら、外資流「勝利の方程式」の土台のようなものが出来はじめたのもこの頃のことです。

50歳直前ではじめて経験する「転職」

アメリカから帰国後、ヘッドハンターから少しずつお誘いが入るようになりました。マクドナルドにはいろいろな経験をさせてもらいましたが、機会があればまったく別の経験を積んでみたいという気持ちもありました。それに、転職するのであればどう考えても50歳がタイムリミットだと思いました。アメリカから戻って10年。やりたいことはやり尽くした感があり、いわゆる燃え尽き症候群のようになっていたのかもしれません。48歳になっていた私は、次に何かやるのであれば物販が面白そうだと思っていました。外食と物販のビジネスは、水と油ほど違うと感じていたからです。

1997年の秋ごろ、ヘッドハンターからディズニー・ストアへの転職の話をいただきました。当時、ディズニー・ストアはアメリカ本社から送り込まれた外国の方が社長をやっていたのですが、私なりに調べたところ、あまり評判がよくなかったのです。

ヘッドハンターには、「その社長が辞めて、次の社長が来るのであれば考えてもいい」と伝えました。そうしたところ、タイミング良くポール・キャンドランドさんという人が新社長に就任するので、会ってほしいと会見をセッティングされます。

実際に会うと、キャンドランドさんも私を気に入ってくれたようで、よかったら来てほしいということで話がまとまりました。転職したのは1999年4月です。

ところが、辞めるまでがたいへんでした。

藤田田さんに退職届を持って行っても、2回も破られました。なかなか辞めさせてくれません。引き留められたことはもちろん嬉しいことでしたが、こうも話が進まないとは正直思っていませんでした。

「とりあえず一度外に出させてください。武者修行だと思ってください」

そういう形でようやく了解を得ました。

「外資は業績がよくなかったらすぐクビになるから、いつでも帰ってこられるように休職扱いで行かないか」

藤田さんは、最後まで優しい方でした。普通、辞めていく人間にそんなことを言う人はいません。でも、そんな藤田さんに甘えてはいけない。むしろ、待たれたらまずいと焦りました。

「お気持ちだけで結構です。もし帰ってきたときにはよろしくお願いします」

そう言うとようやく承諾が出て、辞めることができました。

1999年4月1日、ディズニー・ストア・ジャパンに入社しました。

3日間にわたってオリエンテーションを受けると、4日目から3ヵ月間のトレーニングを受けるため、再びアメリカに飛びます。舞台はセントルイスの近くのショッピングセンターにあるディズニー・ストアです。ストアーズ・ディレクターという肩書で転職したのですが、トレーニングなので、若い子たちと同じキャストの格好をしての接客です。

ディズニー・ストアの第1号店は、1987年に、ロサンゼルス近郊のバーバンクから車で5分ほど北に行ったところにあるグレンデール・ガレリア・ショッピングセンターに入ったテナントでした。

はじめのころは、ディズニーランドのパークの商品を販売していました。パークに行かなくてもキャラクター商品を買えるため売り上げも好調で、人気も評判も高かったと思います。ところが、あまりにも店舗数が増えすぎたために、近隣の店舗が売り上げの食い合いを始めてしまいます。そこで、パークとは異なるディズニー・ストアのオリジナル商品を作るようになりました。

当時はアメリカのウォルト・ディズニー社は、大きく4つのディビジョンに分かれていました。パーク部門・モーションピクチャー（映画）部門・テレビ部門、そしてコンシューマープロダクツ（商品ライセンス）部門です。ディズニー・ストアはコンシューマープロダクツ部門に属していました。後にパークとコンシューマープロダクツの両部門が合併して3ディビジョンになります。それぞれの部門は次のような形で役割が分かれています。

■パーク部門→コンシューマープロダクツ、ディズニー・ストア、ゲーム、パブリッシング

■モーションピクチャー部門→DVD

■テレビ部門→ディズニーチャンネル、ABC、ESPN

現在のディズニー・ストアは、パーク部門に属しています。なお、ウォルト・ディズニー社の日本法人は1959年と、かなり早い段階で設立されています。

アメリカでの研修中に印象に残ったのは、パークにも、ディズニー・ストアにも、米国マクドナルドのように分厚いオペレーションマニュアルがあったことでした。ところが、日本に帰って店舗で研修を受ける段になって、オペレーションマニュアルがないことに気づきました。1号店が1992年にオープンしているのに、7年後の1999年にオペレーションマニュアルがなかったのです。アメリカ本社から送り込まれていた、アメリカ人

の優秀なエキスパット（駐在員）が来ているにもかかわらず、です。

私は、アメリカからすべてのオペレーションマニュアルを持ち帰っていたので、それをすべて提示し、スタッフに翻訳してもらって日本語版を作りました。ストアーズ・ディレクターとして本格的にマネジメントを始めるとき、従業員にはそのマニュアルをもとにオペレーションを徹底するよう指導することから始めました。

買い上げ率へのこだわり

外食産業・物品販売業の双方で仕事をしてきた私は、その経験のなかで両者の違いを強く感じていました。

外食産業の場合、100人のお客さんが来店したら、客席が満席でない限り、100％の人が何かを購入します。その前提に立つと、100の状態をどれだけ回せるかという「回転率」と「客単価」が重要な指標となります。

マクドナルドの場合、さらに異なる指標が入ってきます。ドライブスルーは、客席数さえ関係なくなります。そうなると、ドライブスルーのオペレーションをできるだけ早くすること、つまりスピードによって売り上げが大きく変わってくるのです。

1分に1台を処理するオペレーションであれば、1時間に60台しかさばくことはできません。これを30秒に1台のオペレーションに引き上げれば、1時間に処理できる台数は120台になります。20秒に1台にできれば、180台までいけます（アメリカではお客さんもドライブスルーに慣れているので注文も素早いのです）。

つまり、オペレーションの質によって時間の短縮ができ、生産性が上がるということになります。だからこそ、オペレーションがとても重要になるのです。

反対に、物販の場合は100人のお客さんが来たとしても、100人全員が買うとは限りません。ある人が日本のコンビニエンスストアを分析した結果、来店した人数に対する購入者の比率＝「買い上げ率」は、50％を切ったそうです。

私は個人的にも調査をしましたが、買わない理由は「買いたいものがなかった」「買いたいものが見つからなかった」という二つが圧倒的です。さまざまな競合先に視察に行くと、多くの店では、コンビニエンスストアと同じでレジにしか従業員を配置していなかったのです。接客する人はゼロでした。

私は、接客で買い上げ率が変わると考えました。

そもそも買い上げ率を計算しようとする場合、来店者数をカウントしなければなりません。そのためには、入口の天井に数百万円する「トラフィックカウンター」をつける必要があります。ディズニー・ストアがトラフィックカウンターを設置して買い上げ率を求め始めたのは、2000年に入ってからです。ディズニー・ストアが非常にラッキーだったのは、入口が1ヵ所の店舗が多かったので、天井につけやすかったことです。

当時、調査をしていたところにトラフィックカウンターをつけていたのは、ディズニー・ストアとギャップだけでした。外資の店舗でもほとんどつけていなかったわけですから、日本のリテーラー（小売業者）は買い上げ率という意識も乏しかったのではないかと思います。

当時の買い上げ率は10％程度でした。100人のお客さんが来店しても、10人しか買わないという意味です。

1998年11月、ユニクロが都心部の1号店を原宿の明治通りに出しました。当時、ユニクロはものすごく売れていましたが、それでも買い上げ率は20％程度だったと記憶しています。それだけ流行っていても、買い上げ率は意外と高くないのです。

重要なのは、買い上げ率がわずか10％しかないということではありません。10％から11

%に1%上げるだけで、売り上げが10%上がることです。そこに気づかない人が多い。しかし、10%の増収は非常に大きいはずです。

だからこそ、買い上げ率が大切になってくるのです。買い上げ率そのものの増減は1%ですから、それだけを見ると影響は小さいと思ってしまいがちです。そうなると、買い上げ率の価値を見誤ってしまいます。

買い上げ率が低いのは、どうしてでしょうか。

出口調査でお聞きすると、すでにお話ししたとおり、「買いたいものがない」「買いたいものが見つからない」という二つの声が大半です。「買いたいものがない」ならば、商品の欠品補充や商品開発の強化が必要になりますし、「買いたいものが見つからない」なら、買いたいもののところまで案内——つまり、接客が命運を握ります。そこで接客にフォーカスすることにしました。

加えて、陳列されている商品をお客さんにとってわかりやすくする、ビジュアル・マーチャンダイジングが非常に大切になってきます。お客さんが欲しがる商品を、ちょうど目の高さにくるように置かなければなりません。下では目が届かず、興味の範囲に入りません。店舗にはお客さんが動く動線がありますが、その動線を把握するためビデオを上から俯瞰図《ふかんず》のように撮影します。それを分析すれば、売れ筋の商品をどこに陳列すべきかのヒントが得られます。

当時、買い上げ率を上げる手法を、日本ではどこの企業もやっていませんでした。私は、外食産業との違いを見ることによって、買い上げ率の重要性に気づきました。ディズニー・ストアでは、最終的に買い上げ率を10％から20％近くにまで上昇させることに成功し、売り上げを倍まで増加させることができました。

物販をさらに細かく掘り下げていきます。外食の場合、売り上げは「入店者数×単価」で求められます。これに対して、物販の場合は「入店者数×買い上げ率×単価」です。これに加えて、もう一つ大事なキーワードがあります。それが1人のお客さんが1度の買い物で商品を何点買うかという「買い上げ点数」です。

外食産業と物品販売の最大の違いは、買い上げ点数に上限があるかどうかです。人間の胃袋はサイズが決まっています。マクドナルドに行ってハンバーガーを20個も30個も食べられません。しかし物品販売の場合はサイズがないため、いろいろな商品を買ってもらえれば、その分だけ売り上げを上げることができます。

ディズニー・ストアにドナルド・ダックが好きなお客さんが来たら、ドナルド・ダックの鉛筆だけではなく、消しゴム、ふでばこ、ボールペン、ノート、キーホルダー、バッグ……といった具合に、1点ではなく6点、7点買ってもらえれば、それらの単価の合計が売り上げになります。物品販売の場合、いかに買い上げ率を上げるか、いかに買い上げ点数を増やし、客単価を上げるかということが、カギとなるわけです。

買い上げ率と買い上げ点数を上げるには、接客の質を高めるしかありません。

ただし、買い上げ率や買い上げ点数を増やしても、入店者数が増えなければ売り上げ増にはつながりません。入店者数は、外食産業も物品販売業も、一にロケーション、二にロケーション、三、四がなくて、五にロケーションです。ロケーションが悪ければ、そもそもお話にならないのです。

仮にロケーションがあまり良い場所ではなかったとしても、看板である程度まで補うことは可能です。ディズニー・ストアも、私が入社するまではロケーションが良くない店舗もありました。それでも効果的な場所を押さえて看板を出すと、5％ほど入店者は増えます。お金はかかりますが、入店者増と買い上げ率増と買い上げ点数増でおつりが出せればいいのです。ロケーションが悪く利益率の低い店舗を閉じる一方、ロケーションの良い店舗は積極的に改装した点も効果がありました。

SKUを絞り込む

商品点数のことをSKU（ストック・キーピング・ユニット＝在庫管理の最小単位）数と言います。ポイントは、広く浅く商品を陳列するのか、狭く深く商品を陳列するのかという問題です。

物品販売業で陥りがちなのは前者、つまり、いろいろな商品を店舗に陳列したくなることです。ディズニー・ストアの場合も、かつては1万点近くありました。明らかに多すぎました。後に1500ぐらいに絞っています。お客さんも売れ筋商品を探しやすいし、狭く深く仕入れているので在庫もなかなか切れません。SKUを絞るメリットは、そこにあります。

広く浅く陳列する方法のデメリットは、売れ筋商品がすぐになくなってしまうことです。また、売れない商品も仕入れることになるため、在庫が残って効率が悪くなります。

ある程度商品を絞らなければ、むしろお客さんが目移りしてしまい、店内を徘徊《はいかい》するだけでなかなか購入に結びつかないのです。

商品を絞るときは、どのようにして売れ筋商品を把握するかが重要になります。基本的には統計と過去のデータによって分析すれば、大きな見込み違いは起こりません。いまはPOS（販売時点情報管理）ですべてのデータが出てきますし、AIを使って分析することも可能です。

当時、ディズニー・ストアは4つのシーズンごとに商品を入れ替えながら、常時1500SKUをキープする形で陳列していました。SKUを絞ったうえで、買い上げ率と買い上げ点数を増やすことで、究極の効率化と生産性の向上に取り組んでいたわけです。結果として、3年間でストアの事業規模は2倍になりました。

SKUを絞り込めないことで、さまざまな問題が噴出します。その顕著な業界がファッション・アパレル業界です。

ルイ・ヴィトンは、バッグからスタートしたブランドですが、その後靴を始め、いまはアパレルまで広げています。シャネルはもともと帽子からスタートし、その後オートクチユールや靴を始め、いまはバッグやアクセサリーも扱っています。先ほどもお話ししているように、ＳＫＵが膨らむとコストが増えるため、利益率が下がっていきます。

ルイ・ヴィトンやシャネルは、それでもブランド価値が高いので、サブブランドをつくる必要もなく、深刻な痛手を受けていません。ところが、そこまでのブランド価値がないのに、ＳＫＵばかり増やしてしまったことで、コスト増の悪循環に陥っているブランドもあります。サブブランドを増やし続けた結果、在庫が膨らむ一方で、そのブランドの認知率は低いままなので、認知率を上げるためにさらに投資を重ねる……という悪循環です。

こういう場合は、経営者がＳＫＵの絞り込みを決断できるか否かがポイントになります。

日本のアパレルメーカーのワールドは、かつてブランドを増やし、ＳＫＵが膨らみすぎたことで在庫が膨らみ、コスト増で経営が悪化していました。そこへ、長崎屋の社長を務めたプロの経営者である上山健二さんが入り、完全に立て直しました。ワールドも、ピークは１２０から１３０のブランドがありました。上山さんはそれを50ぐらいまで絞りました。まだ多いとは思いますが、これからさらに絞り込んでいくのではないでしょうか。

アパレルではありませんが、赤ちゃん本舗もイトーヨーカ堂から出向したプロ経営者の河邉司郎さんが、やはりSKUの絞り込み（約10分の1に減らしたそうです）と、ロケーションの悪い店舗の閉鎖、ロケーションの良い既存店の改装によって再生させています。

外資の効率化・生産性の向上という視点に立てば、SKUの絞り込みは常識です。それは、こうしたプロの経営者がいかにSKUを絞り込むかを重視していることでも、証明されているのではないでしょうか。

日本KFCを経て、再びディズニーへ

ディズニー・ストア・ジャパンには、アメリカからポール・キャンドランドさんが社長として送り込まれていましたが、ストアのオペレーションのトップとして、マーケティング、店舗開発などすべての業務を仕切っていたのは私です。ちょうどCOOのような位置づけといえばわかりやすいでしょうか。その立場にいると、さまざまな情報が耳に入ってきます。

アメリカのディズニーは、利益率の高い会社です。ディズニー・ストアの利益率は当時でも20％を越えていましたが、他の部門から見ると低く、そのため、全世界のディズニー・ストアを売却するという話が確定していました。

私が担当するディズニー・ストア・ジャパンも売却先を探しました。最終的には東京ディズニーランドを運営するオリエンタルランドが手を挙げてくれたので、売却することになりました。

私は、売却が公になった段階で、売却後の身の振り方についてヘッドハンターとコミュニケーションを取っていました。親会社が新しくなれば、やり方も変わるでしょうし、私も外資の会社で働き続けたかったのです。ヘッドハンターから紹介されたのは、前職の日本マクドナルドのライバルにあたる、日本ケンタッキー・フライド・チキン（以下「日本KFC」）でした。

マクドナルドとケンタッキーの両方を経験した人材は、かつていなかったという話も聞いていました。過去にいないのであれば、それを自分がやるのも面白いかもしれない。そう思い、2度目の転職を決意しました。

アメリカでケンタッキーを運営するのは、ヤム・ブランズ社という会社です。運営するブランドは「ケンタッキー・フライド・チキン」「タコベル」「ピザハット」の3つ。日本KFCは、ヤム・ブランズ社と三菱商事が折半で出資し、代々の社長が三菱商事から来るジョイントベンチャーです。

現在、日本では、ケンタッキー・フライド・チキンのオペレーションを担っていますが、ピザハットは売却、タコベルもまったく別の会社がオペレーションしています。

当初は50％ずつのジョイントベンチャーでしたが、２００７年には三菱商事の１００％子会社になり、日本企業色を強めていきました。

ケンタッキー・フライド・チキンがマクドナルドと大きく違うのは、店舗の土地建物をフランチャイズのオーナーさんが持っている点です。

マクドナルドの場合は本社が所有していることで立場を強めていましたが、ケンタッキー・フライド・チキンはまったく逆で、本社の言うことがなかなか通らなかった風潮があったように思います。

私はその仕組みを入社するまで知らなかったうえ、日本ＫＦＣが日本企業の色が強い会社だったことに気づきます。外資と思って入ってみたら、そうではなかったということです。外資の良さを知り尽くしていた身としては、このまま日本ＫＦＣで働き続けることに少しずつ疑問が湧いていました。

そうした状況のなか、私がディズニー・ストア・ジャパンにいたときの社長ポール・キャンドランドさんが、ウォルト・ディズニー・ジャパンの社長に就任することになりました。そのタイミングで、キャンドランドさんから「戻ってこないか」という誘いをもらいました。

再びディズニーという外資で腕をふるおう。2008年4月、ウォルト・ディズニー・ジャパンのコンシューマープロダクツ部門のGM（ゼネラルマネジャー）として3回目の転職をすることになります。

ディズニーで実践した3つの秘策

2008年にウォルト・ディズニー・ジャパンに戻ってから、私はやや日本企業色にそまりつつあった会社を「外資の流儀」に沿って大改革しました。

入社した時は、業績が下降している時でした。

業績を回復させ、7年連続2桁成長の軌道に乗せるために何を行ったか。

私が実行したのは外資での体験をもとに編み出した「V字回復のための3つの秘策」です。

具体的には次の3つです。

①新機軸（ホワイトスペース）を見つける
②成果主義をメインにした人事評価制度
③（特にBtoBの場合は）必ず勝ち組企業と組む

第一の秘策は皆さんもご存知の「おとなディズニー」の導入です。

それまで、ディズニーの商品はキッズとファミリーをメインターゲットにしていました。

それに加えて大人にフォーカスした商品もメインにするように変えました。その方策によって、すべての世代にターゲットを置くことが可能になり、完全にホワイトスペースだった大人マーケットを押さえたことで売り上げが大幅に伸びました。

考えてみれば、東京ディズニーランドがオープンしたのは、いまの大人世代が若かった

1983年4月です。今年50歳を迎える大人が14歳だったころです。

子どものころ、あるいは若かったころにディズニーに夢中になった人、子育てを始めた20代から30代に再びディズニーに触れた人は、大人になってからもディズニーに対する親近感が強い。日本人の幅広い層の大人が、完全な自己体験としてディズニーに触れていて、そこでポジティブなイメージを抱いているのです。

とはいえ、完全に大人「だけに」フォーカスするのではありません。ベビー・キッズ・ファミリーにも引き続きフォーカスを行い、ベビーが早くディズニーとの接点を持つように努めました。「三つ子の魂百まで」という諺《ことわざ》がありますが、一生ディズニーのファンになってもらうという戦略も大事です。

しかし、小さな子どもの商品は大人が買い与えるものです。とくに3歳児ぐらいまでの商品は、本人の意思よりも親の趣味・嗜好《しこう》が大きな要素を占めます。両親がディズニー・ファンだと、子どもも小さいときからディズニーの商品やDVDに慣れ親しんでいきます。大人になってからも自分の子どもにその良さを伝えるため、何世代にもわたって続いていくことになります。大人を押さえることでその循環を構築し、強くしていくことができれば、なかなかその形が崩れることはなくなると考えたのです。

だからこそ、ディズニーはブランドイメージを大切にします。子どもに悪影響を与えるようなモノはいっさい商品化しません。クスリ、お酒、タバコにはキャラクターの使用は完全NGです。映画にもそういうシーンはいっさい入れません。ディズニー・ブランドには人の死やバイオレンスがないという安心感を作ることで、大人が安心して子どもに映画を見せられるということです。ですから、ディズニーの映画はすべてハッピーエンドになっているでしょう?

成果主義の導入とライセンシーの選別

第二の秘策は、完全成果主義の導入です。

人事制度を業績連動にしました。

日本企業によく見られる曖昧な評価基準だったり、成果を上げたのにそれを評価してもらえないような人事制度では有望な人材は流出します。

また、S・A・B・C・Dの5段階で評価する場合、Aが多くなり、最低でもBをつけてしまう。

そういった仕組みに、メリハリを付けました。ただ目標を100%達成しただけでは

B、目標の達成度がかなり良ければAにして、そのうえで会社にとってさらに意味のある価値を提供しない限り、Sをつけないように変更しました。当然目標未達の場合はCかDになります。（完全成果主義のやり方やメリットなどについては6章で詳述します）。

第三の秘策が、勝ち組企業とコラボレーションし、パートナーシップを組むことを推進する、というものです。

伸びているパートナー候補を探しライセンシーとして契約を結び、Win-Winの関係を再構築しました。

その結果、上場企業が多くなり、業績を大幅に改善しました。

既存の大手ライセンシーさんも、その多くが「おとなディズニー」強化で2桁成長を果たされ、まさしくWin-Winになったというわけです。

私は、マクドナルドやウォルト・ディズニーでこうした外資流の手法を学び、いまご紹介したような具体的な「秘策」や「勝利の方程式」をつくり出してきました。

いよいよこれから「勝利の方程式」の詳細をつまびらかにしていきますので、ぜひご参考にしていただきたいと思います。

第5章　日本の生産性を落としているものの正体

ここまでお読みいただき、ありがとうございました。さあ、ここから、いよいよ本論です。日本の会社では当たり前と考えられている仕組みが、日本の会社の生産性を著しく下げている大きな要因になっています。反発を覚える方もおられるかもしれませんが、どうか現実に目を向けていただきたいのです。この章では日本企業の雇用形態のおかしさを論じながら、対比する形で外資の生産性の高さについて述べていくことにします。

序章でもお話ししましたが、日本企業の生産性を下げているのは、**新卒採用・年功序列・終身雇用**といった日本企業独特の雇用形態や慣行です。

これらの仕組みは、日本人の「良心」と思われていることばかりです。

しかし現実には、これらの慣行が日本企業の生産性を著しく下げていますし、このような制度をいまだに行っているのは日本企業だけです。外資しか経験のない私には不思議なことですが、これらの慣行を日本企業に勤める人は企業にとってマイナスとは思っていないのです。

問題点①新卒採用はデメリットが多すぎる

新卒採用は、1911年に日立製作所が新人一括採用をしたのが始まりだそうです（当時は新規一括採用と言われていました）。

新卒を採用すると、当然ながら、はじめはトレーニングをしなければなりません。トレーニングを受けている半年から1年の間は、生産性はゼロです。こうした生産性がゼロの人材に対して、トレーニングをしている間も給料が支払われています。

さらに問題なのは、ポジションが空いていないのに組織に満遍なく新卒を入れていくので、人材コストがその組織に純増で乗っかってしまうことです。それまで組織に所属した社員が懸命になって生産性を上げてきたのに、新卒の採用でそれが無に帰してしまい、生産性を著しく下げてしまうのです。

どうか誤解しないでください。私は日本の新卒を無能だなどと批判したいのではありません。そうではなくて、新卒採用のシステム自体が変だということを申し上げています。

アメリカの場合、大学に入った段階で就職活動の準備を始めます。ほぼすべて、インターンとして企業に入り込む形で行われます。アメリカのディズニーのサイトをご覧いただければわかりますが、それぞれのディビジョンで大学2年生ぐらいからインターンを募集しています。

アメリカでは夏休みが6月から8月まで3ヵ月間あります。その期間で、行きたい会社の行きたいディビジョンでインターンとして研修を受けるのです。企業側でもインターンに実務を経験させる仕組みが確立されています。

アメリカのディズニーは珍しくインターンにも多少の時給を支払っているようですが、ほとんどの企業は無給でインターンを受け入れています。外資には、お金を払って新卒の仕事のトレーニングをするという発想はありません。

2年生から4年生まで継続してインターンをすると、それなりの業務知識は身についてきます。対象となる部署の業務知識を身につけた青年が採用される。それがアメリカ企業の一般的な採用です。

そういう形で入社した学生は、インターンとしての勤務経験と業務知識を駆使して仕事ができるので、日本の新卒と比較してはるかに高い生産性があります。経験を積んだビジネスパーソンに比べると低いかもしれませんが、少なくともゼロではありません。

なおかつ、数年のインターンを経験することで、その会社のカルチャーがある程度わかっています。そのうえで採用されているので、入社してからの「サプライズ」、つまり、日本企業に一括採用で入社した学生が「入ってみたらこんなはずじゃなかった」というボタンの掛け違いが起こるような可能性は限りなく低い。採用して決して安くはない研修費をかけて育成したのに、わずかな期間で退職してしまう非効率性も避けられます。

日本企業にもインターンシップの実施で採用するという文言を掲げている企業はありません。ところが、内実を聞くと外資のように徹底しているところはほとんどありません。いわゆる「なんちゃってインターンシップ」にすぎず、実態は一括採用と変わりません。

新卒採用をやっているということは、日本企業には「ヘッドカウント」という考え方がないということです。ヘッドカウントとは「社員数」という考え方です。事業のサイズが10億円しかないのに、そこに1000人の人材を割くことはできません。外資の場合、事業サイズに見合った人員数は、アメリカ本社の指示で決まっているものです。外資はヘッドカウントを可能な限り絞ることで、外資は生産性を上げていきます。しかし、日本企業はヘッドカウントの考え方がないから、いつまで経っても生産性が低いのです。

日本独特の新卒採用のシステムは高度成長期、右肩上がりの時代にはたしかに機能していました。しかし、バブル崩壊後は見直すべきだったと思います。

経団連が、2021年春に入社する学生から、採用活動の指針を廃止すると表明しました。しかし、廃止するだけでは、あまり意味がありません。大学3年生であろうと2年生であろうと、いまの就職活動のような仕組みで新卒を大量採用しているだけでは、生産性は上がらないのです。経団連はもっと踏み込んで、新卒採用のシステムをやめると言うべきです。

逆に考えると、日本企業に新卒採用で入れる学生は、非常に恵まれています。給料をもらいながら仕事のやり方を教えてくれるようなビジネス環境は、世界中でも極めてレアケースであると言っていいと思います。

一方で、外資はポジションの空きがないと採用しません。そこで人材の新陳代謝を起こしてさらに生産性を高めるには、やる気に乏しい人材に対して退職を勧奨できるシステムを同時に作らなければなりません。そうしないと、いつまで経ってもポジションが空かないからです（このあたりの話は6章でもあらためて詳述します）。

アメリカには、雇用する企業には解雇する自由があり、従業員には離職する自由があるという「Employment at will」の原則があります。理由さえ明確であれば退職させることは可能です。会社としての業績が良くない場合も、解雇するに足る正当な理由になります。

既存の労働者の流動性を高めたうえで、新卒採用を含めた人材の雇用という面をトータルで見直さない限り、日本企業の生産性が上がるとは思えません。

問題点②年功序列という摩訶不思議なシステム

日本企業の年功序列は、たしかに以前ほどの厳格さはありません。それでも外資と比較すると、年功序列であることに変わりはありません。

その大きな問題は、同期が同じタイトル（職位）にほぼ一斉に昇格する点にあります。多少時期がずれるといっても、半年から数年の範囲に収まります。そのせいで、中間管理職が非常に多くなってしまう。あるいは、課長に昇格しても部下を持つことができず、いわゆる担当部長やプレイングマネジャーなどという肩書だけ与えられて管理職の職責を担うことができない社員が続出することになります。

外資の場合は、部長クラス、その下のシニアマネジャークラスまで、サクセッションプラン（後継者育成計画）があります。ある人が部長になるには、第一段階として「ジョブディスクリプション（職務記述書）」と「ジョブサイズ（売り上げなど職務の規模）」をクリアすることが大前提になります。

一例をあげると、部長クラスであれば「売り上げを最低１００億円達成しなければならない」、シニアマネジャークラスは「売り上げを最低50億円達成しなければならない」とされるなど、そのポジションによって定められたジョブサイズをクリアしなければ絶対に昇格できないようになっています。

「総合的に判断して昇格をさせる」

日本企業にありがちなこういった理屈は、外資では通用しません。こうした曖昧な根拠で昇格させるから、責任を持たない中間管理職ばかりが増えるのです。これは双方にとって不幸なことだと思います。

ウォルト・ディズニー・ジャパンにいたとき、ある積極的なシニアマネジャーが私の部屋に来てこう尋ねてきました。

「中澤さん、部長になるにはどうしたらいいですか？」

簡単です。当時のウォルト・ディズニー・ジャパンでは、部長のジョブサイズ（ロイヤルティ収入）をある金額に設定していました。

「○○億円売り上げを立てなさい。達成できたら部長にするよ」

これだけです。わかりやすい。わかりやすい目標であり、ほかに水面下にある見えない条件がないので、ひたすら頑張ることができるのです。ジョブディスクリプションとジョブサイズについては、この後もう一度詳述しますが、ここでは年功序列や終身雇用、定年制度の問題をもう少し見ていくことにします。

年功序列に関わる、手当の問題もあります。

日本企業では、役職手当の差がほとんどありません。課長から部長に昇格しても、驚くような金額で年俸が上がるわけではありません。外資には役職手当はありませんが、タイトルがアップすれば最低でも10％年俸は上がります。大きな差をつけなければ、昇格へのモチベーションになりません。

日本には日本特有の「家族手当」「住宅手当」などを支給している会社もいまだにあります。極端な話、同じタイトルであっても、手当がつく分、既婚・子持ち社員のほうが独身社員より給料が高いというのは変な話です。会社における仕事の成果に、家庭環境は関係ありません。

既婚・子持ち社員のほうが有能であれば問題は表面化しません。しかし独身社員のほうが有能なのに、独身社員のほうが給料が低いときに、独身社員のモチベーションを奪ってしまう可能性があります。給料は純粋に仕事の成果だけを評価し、それ以外の曖昧な要素で給料や手当を支給する仕組みは変えていったほうがいいと思います。

同様の理由から、日本独特の「残業手当」にも違和感を覚えます。たとえば日本では、主任や係長から課長になると残業代がつかなくなり、昇進したにもかかわらず年収が下がったりするケースが間々あります。有能で、一生懸命頑張ったから昇進したのですから、むしろ両者の間には給与面で大きな差がつくべきなのに、あまりにも理不尽な話だと私は思います。

問題点③終身雇用・定年制度が生み出す「生産性ゼロ」の社員

終身雇用は、定年まで雇用が保証されるシステムです。日本企業は、基本的にこのシステムを採用しています。

これに対し、基本的に外資には定年という概念はありません。結果を出している人はいつまでも会社にいられますし、結果を出せない人は年齢にかかわらず、その会社にいられなくなるからです。年齢は関係ありません。

日本企業のように年齢で退職時期を区切る発想は、その人の能力とは無関係に会社に残るか残らないかを判断するシステムです。生産性の低い人材がいつまでも会社に残るという考え方は、外資にはないのです。

日本企業には、50歳や55歳ぐらいで「役職定年」となる会社もあります。これはある年齢に達した人が、ラインの役職から外れることを意味します（アメリカではその前に退職を勧奨されたりしますので、こうした考え方自体が存在しません)。

これは能力のある若手に管理職を譲るという意味では、組織が活性化するメリットにつながる仕組みです。しかし、役職定年後の5年から10年の間、年齢も高く経験も豊富な人が組織の末端として仕事をするような状況に我慢ができるのでしょうか。多くのケースでやる気を失い、仕事をしない生産性ゼロの社員を数多く生み出す結果となっています。反対に、役職定年を迎えて給料が激減しているのに、その金額に見合ったジョブディスクリプションとジョブサイズになっていないケースも見受けられます。

そもそも、日本企業ではジョブディスクリプションとジョブサイズが明確になっていません。55歳の部長には、部長相当の役割があるはずです。しかし、役職定年を迎えた翌日に、それまで担っていたジョブディスクリプションとジョブサイズから、急に給料に見合ったものに変更できるものでしょうか。こうしたシステムはかえって残酷だと思います。

ここから先、そして第6章で「退職勧奨」に関するお話をしますが、たいへんデリケートな問題でもあるので、誤解されぬよう、ここで少々私の考えを述べておきたいと思います。

いままで書いてきたように、「結果を出している人は会社に残る」「結果を出せない人は、退職を勧奨されるために会社に残れない（または残りにくい）」という側面が外資系企業には確かにあります。ただし、この側面だけをもって「外資は弱肉強食の世界だ」「血も涙もない非情なシステムだ」と断言されてしまうのには違和感を覚えます。

こうしたシステムには、生産性を重視するという側面もありますが、同時に、適性を重視するという側面もあります。たとえば、ある従業員が「この仕事は自分には向いてなかった」「会社のカルチャーに合わなかった」「いまの会社では自分の実力を十分発揮できない」ということを感じた場合、いつまでもその会社に居続けることは、かえってその人にとって不幸せであり、むしろ転職して新しい可能性を試したほうがいい――欧米ではそのような考え方が一般的ですし、転職がしやすい雇用環境や労働・雇用のシステムもそれに合わせた作りになっています。

日本の企業には「窓際社員」と呼ばれる社員がいます。たいてい年齢が上の人たちです。しかし、私から言わせれば、こうした方々を生み出してしまう最大の理由は、現行の日本企業や日本の雇用環境そのものです。彼らの多くは、もっと若いうちに転職をして新しい自分の可能性を試してみたかったかもしれません。でも、日本の雇用環境は転職が容易な形にはなっておりません。そして、多くの日本の会社は（少なくともこれまでは）そのまま彼らを自社にずっと縛り付けておくのが当然と考え、転職などのサポートも疎《おろそ》かにしていました。言葉は悪いですが〝飼い殺し〟同然の状態に置き続けてきたのではないでしょうか。

私もこれまで「窓際」と目される方々をいろいろ見てきましたが、モチベーションと能力の両方がきわめて低いという方は実はあまりいません。よくあるパターンが、昔は一生懸命働いていたのに「上司と合わずにモチベーションが下がり続けてしまった」、あるいは「適材適所に配置されていない」という方々です。こういう方々は、ある意味では日本の雇用環境の犠牲者だと思います。これからの日本の企業は人材の流動化が必ず必要になってきます。終身雇用や定年制度といった仕組みを、そろそろ見直す時期に来ているのではないでしょうか。

ここから先も、この「退職勧奨」という問題について、たびたび述べていくことになりますが、単なる「クビ切り」「非情なリストラ」とは別の側面があることも、どうかご理解いただければと思います。

人材が流動化する社会という前提があれば、自分で自分の居場所を選ぶためのバックグラウンドを整えなければならなくなります。若いころから英語や中国語やＭＢＡなどの勉強をしておけば、自分を高く売ることも可能になります。結果的に、そうした勉強が付加価値の高い人材を増やし、企業のなかで成果を上げやすくなる効果もあるのです。

組織形態とジョブディスクリプション

ここで再びジョブディスクリプションとジョブサイズの話に戻ります。職位別の職務内容と仕事の領域を明確にすべきだ——というお話です。

日本企業にも「職務記述書」がある会社は多いと思います。しかし、それをうまく活用している会社はほとんどありません。あるいは、各部署の職務記述書はあっても、部長・課長といった各タイトル（職位）ごとには存在しないというケースも少なくありません。

外資の場合、各タイトルごとのジョブディスクリプションとジョブサイズが明確に定められています。マネジャーであれば売り上げは30億円、その上のシニアマネジャー（課長）であれば50億円、その上のダイレクター（部長）であれば１００億円といった具合に明確です。したがって、会社全体の売り上げが増えない限り、タイトルやポジションが増え

図5　日本・米国の組織形態のちがい

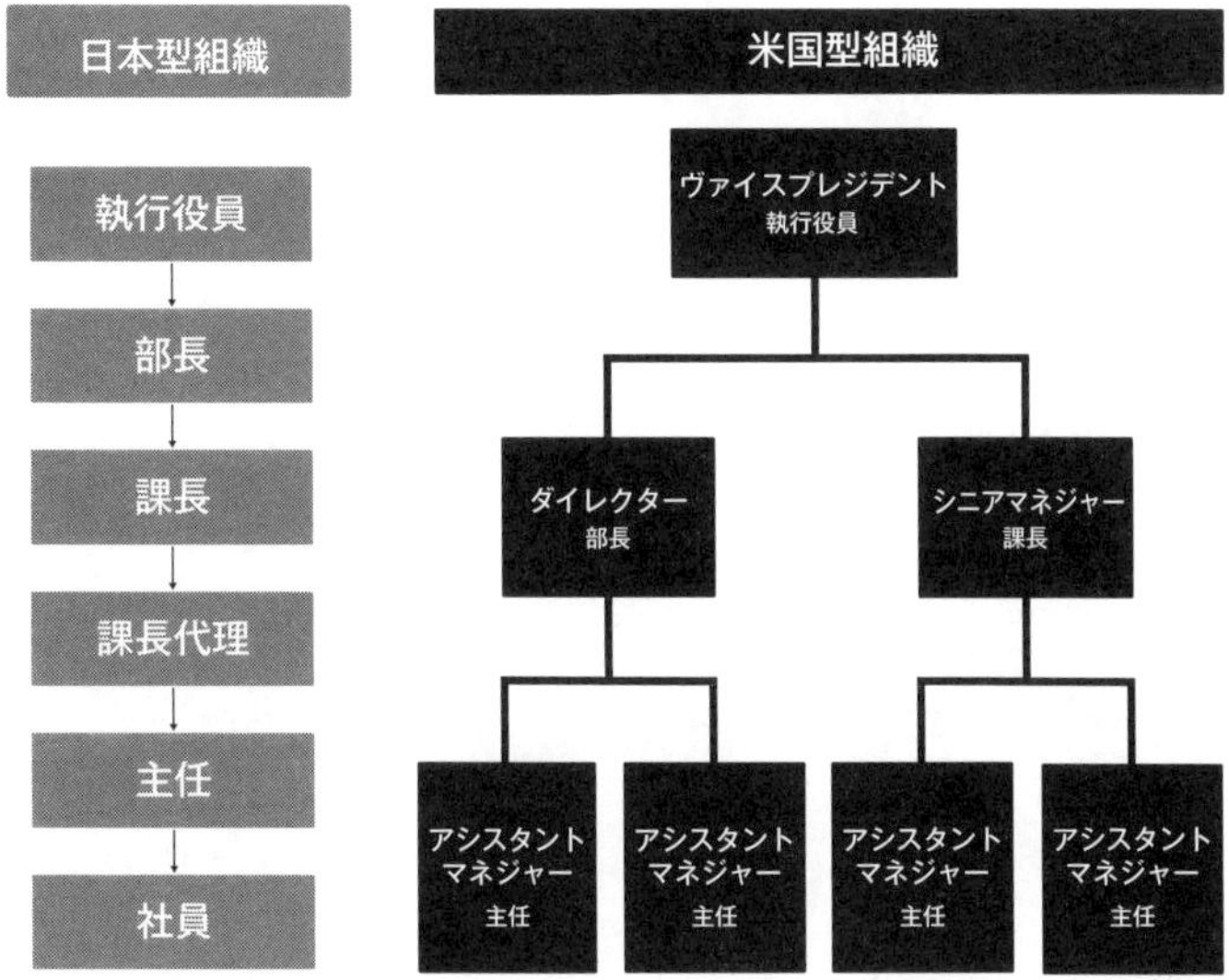

ることはありません。

　ジョブディスクリプションとジョブサイズが明確であれば、それを達成できなかった人はそのポジションから脱落していきます。代わって、別の有能な人が上がっていきます。有能な人ほどジョブディスクリプションとジョブサイズが増大し、それに伴ってますます収入も増えていくという仕組みです。まさに「働きに応じた収入《ペイ・フォー・パフォーマンス》」なのです。

　図5は、日本と外資の組織形態を表すモデルです。

　日本型組織はタテ型です。非常にレ

イヤーが多く、同期が同じような時期に昇格していくため、ポジションが山ほどありま す。この組織形態のデメリットは、上に上がれば上がるほど、会議への出席や決裁をするだけで、現場の状況に疎《うと》くなってしまうという点です。

完全にヒエラルキーになっているため、決裁のアクションも遅くなります。この図でも6段階もありますが、部長と課長の間に副部長がいたり、部長代理や係長など、会社によってはさらにレイヤーが増えるところもあります。

また、会社によっては、業績が伸びていないにもかかわらず、ポジションだけ増やしていくところもあります。人とポジションが多すぎるなか、人件費の予算が決まっているから1人当たりの年俸が低くなってしまうのです。自明の理です。

一方、米国型組織はレイヤーが日本の半分程度とシンプルです。

ヴァイスプレジデント（執行役員）がダイレクター（部長）とシニアマネジャー（課長）を束ね、ダイレクターとシニアマネジャーがそれぞれアシスタントマネジャー（主任）を統轄する。それだけです。しかも、アシスタントマネジャーの数はかなりの数に上ります。

ダイレクターとシニアマネジャーには、アシスタントマネジャーが付いて実態の伴うプレイングマネジャーになります。先ほど日本企業のケースで述べた、マネジャー機能を持たないプレイングマネジャーとは根本的に異なります。

そして、会社によっても違いますが、一般的にダイレクターは売り上げ１００億円、シニアマネジャーは売り上げ50億円程度のジョブサイズがあります。会議出席や決裁だけの存在ではなく、自らジョブサイズを負っているので、外資のダイレクターと日本企業の部長を比べると、明らかに外資のダイレクターのほうが厳しい仕事をしています。だからこそ、通常の日本企業の部長の倍以上の給料を取っているのです。

日本企業は、まずはジョブサイズをクリアにすること、そのうえで組織はなるべく平坦にすべきだと思います。ここまでレイヤーが多いのは、日本企業だけだと思います。

ジョブローテーション（人事異動）もここまで違う

「人事異動」も日本企業特有の、かなり特殊なシステムです。

外資の場合、本人の意向を聞かずにジョブローテーションをすることはありません。日本企業のように、会社が「君はここに行け」と命令することは絶対にありません。

また、日本企業では営業から人事に異動したり、営業からマーケティングに異動したり、入社してから10年ぐらいで各部署をローテーションで回ってゼネラリストを目指す傾向があります。しかし、外資にその発想はありません。

なぜなら、まったく経験のない部署に行けば、ある一定期間は生産性がゼロになってしまうからです。そこで勉強し、戦力として成果を出すまでの1年から2年がもったいないと考えるのです。外資は、あくまでもスペシャリストの育成を目指します。

ディズニーの部門間の異動でも、たとえばファイナンスを専門とする人が映画部門からTVチャンネル部門へディビジョンを異動することはありますが、映画部門のファイナンスからTVチャンネル部門のセールスに異動することはありません。

日本企業にいる一般職はいません。すべて総合職です。いわゆる総務部もありません。日本企業の総務部が担っている仕事は、すべてセクレタリーが担当して処理します。

「社外取締役」は日本でも主流になる

図6のように、日本型組織は完全なピラミッド型です。金融庁と東京証券取引所が定めた企業統治の原則（コーポレートガバナンス・コード）では、最低2人以上、できれば全取締役の3分の1以上の社外取締役を選任することが望ましいとされています。

図６　日米間の経営陣のちがい

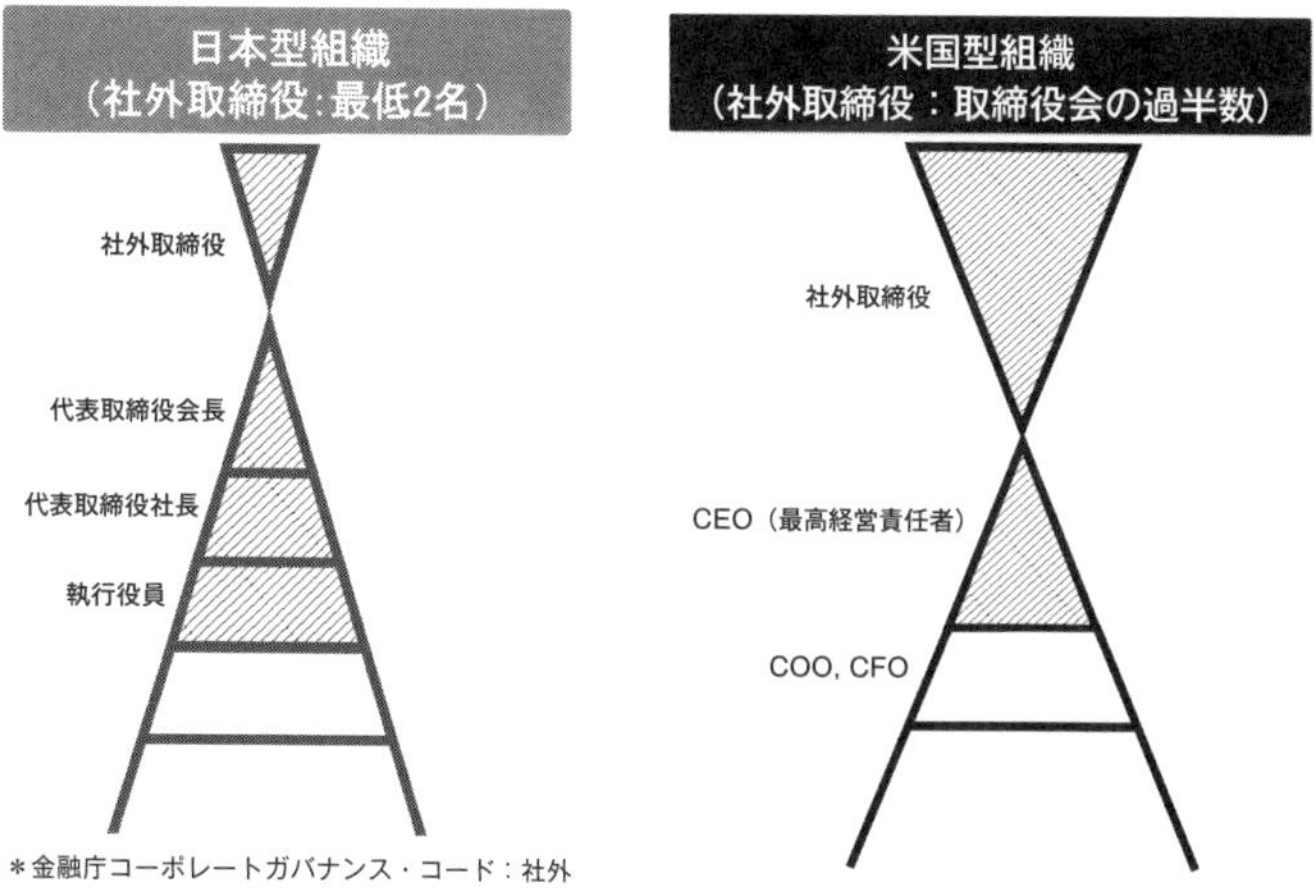

＊金融庁コーポレートガバナンス・コード：社外取締役は最低2名以上選任、また、全取締役の1/3以上の独立社外取締役を選任することを推奨している（2018年6月施行）

＊会社法：通常の取締役会設置会社の場合、社外取締役の設置は必須ではない。

＊会社法は州法となるため、州によって違う。

社外取締役は内部昇格者ではないため、社内の利害関係にとらわれることなく経営を監視することができます。一般的には、社内取締役より社外取締役が多いほうがガバナンスが効くと考えられるので、アメリカ企業では取締役の半数以上が社外取締役だと言われています。

ディズニーの場合も、現CEOのロバート（ボブ）・アイガーさんだけが社内取締役で、残りの9人は社外取締役です。21世紀フォックスとの合併の影響で社内の取締役が若干増えましたが、アメリカ企業の大勢としては、今後ますます社外取締役が主流になっていくでしょう。

カリフォルニア州では、法律によって最低1人は女性をボード（取締役）に入れなければならなくなりました。全米にも広がるのは間違いなく、日本にもいずれそういう時代がやってくるでしょう。

未達でも「ごめんなさい」で済んでしまう日本企業

業績が悪化することがわかったとき、外資の場合は売り上げを増やすのは無理でも、どうにかして利益を死守しようとします。そのため、すぐに利益を出すための具体策を講じます（具体的には6章で詳述します）。

しかし、日本企業は違うようです。

業績が悪くなっていても、決算の3ヵ月後に開かれる株主総会で謝ればそれで済む——そう思っている経営者が多いのはショックでした。謝るだけで、手を打ちません。いままでどおりの経営を粛々《しゆくしゆく》と続ければいいと思っているのです。業績を悪化させたからといって社長が退任になることがないからです。

外資では、謝ったからといって業績悪化が帳消しになることは絶対にありません。社長はほぼ間違いなく退任になってしまうので、社長は自分の身を守るためにも利益を出すための手を打たなければならないのです。

日本の法律でレイオフができないのであれば仕方がありません。だとしたら、せめて海外出張や接待交際費を削ったり、中途採用を控えたりしてコストをカットする努力だけでもしなければなりません。社長が必死にならなければ、従業員にも危機感は生まれません。

日本企業は、社長にも従業員にも危機感がありません。そこが最大の問題です。

業績悪化は非常にわかりやすいケースですが、外資は業績が悪化していなくても、コミットした目標に達しなかった場合は、強烈なプレッシャーにさらされます。

東証一部上場、創業歴が長く、世襲の社長が経営する企業があります。その社長と話をする機会があったのですが、これから詳しくお話しする外資の「勝利の方程式」をほとんどご存知ではありませんでした。私が説明すると、興味があるからぜひ導入したいとおっしゃる。

シニアマネジャーから部長に昇格するためのペーパーテストをやっている企業がいまだ

にあります。これでは、勉強のできる人が上に上がり、勉強の苦手な人はいつまで経っても昇格できません。重要なのは実績であるにもかかわらず――です。

しかも、昇進試験の勉強をするために、本来やるべき仕事をしない。効率と生産性を重視する外資では考えられないことを、平気でやっている上場企業が、まだあるのです。

やはり、日本の常識は、世界の非常識と言っても過言ではありません。いまの日本企業のやり方では、世界で通用しません。高度成長期には、日本企業のやり方が機能しましたが、バブル崩壊後は通用しなくなっています。

一方で、日本企業は定年を延長する方向に進んでいます。感覚で申し訳ありませんが、日本企業は全体として3割ぐらい人が多いような気がします。もちろん、建設系など人手不足の業種はいくつかありますが、人が余っている業種は多いと思います。

日本企業に「ごめんなさい」で済む文化がある限り、効率化も生産性の向上も見込めないでしょう。

第6章　外資系企業の核心「勝利の方程式」

私が提示する「勝利の方程式」は厳しく聞こえるかもしれません。しかし、「徹底した実力主義」は、本当に悪いことなのでしょうか？これから実力主義を採り入れない従来型の日本企業は必ず淘汰される時代が来ます。ならば、来たるその時代に備えて心の準備をしておくべきではないでしょうか？

序章でご紹介した、８つの外資「勝利の方程式」を再度眺めてみましょう。少しずつ、その意味するところがおわかりになってきたのではないでしょうか。

①Job Description & Job Size
タイトル（職位）別の職務内容と仕事の領域の確定

②Individual Performance Goal
期初前に個人目標を設定

③Performance Review
期末の成果重視による人事評価

④Performance Improvement Program
業務改善と退職勧奨

⑤Succession Plan
後継者育成計画

⑥Restructuring
外資流のリストラクチュアリング

⑦ 5-Year Strategic Plan
5年戦略計画
⑧ Annual Operating Plan
年間遂行計画

このうち、①の職務内容と仕事の領域の確定については、実は第5章で、すでにかなりご説明しています。ここでは②以降の方程式についてお話ししていきますが、その前に、外資と日本企業の違いについてもう一度確認しておきたいと思います。

アメリカ企業には、日本企業のような定年はありません。これをやってしまうと、年配者は生産性が低くてできが悪いという差別になってしまうので、できません。

退職金もありません。その代わり、退職後の保障が手厚くなっています。戦前に起業したディズニーやゼネラル・モーターズなどでは、退職時の年俸（ベース給のみ。インセンティブやボーナスは除く）の約2分の1（タイトルや勤務年数によって変更あり）を死亡するまで企業年金として受け取ることができます。

だから、アメリカはすべて「ハッピー・リタイアメント」です。明るく笑って「おめでとう！」という声がかかります。感傷的になる日本とは対照的です。

しかし、その負担に耐えられなくなって死に体になる企業もあるので、米国マクドナルドのように戦後に起業した企業は、別の方法を選択します。たとえば、年俸の10％を401k（確定拠出年金）で運用し、退職後にまとめてもらう方法もありますし、一定額を毎年受け取る方法もあります。役職が上の人であれば、ストックオプションやリストリクテッド・ストック・ユニット（RSU）という形でさらに受け取ることもできます。

②Individual Performance Goal——期初前に個人目標を設定

ここでは、かつて私が実際に使っていたBSC（バランス・スコア・カード）についてお話するのがよいかと思います。これは人事評価を数値化・可視化するための工夫です。このBSCこそ、「期初前に個人目標を設定」という方程式を如実に表しているからです。

人事評価には「定性」評価と「定量」評価があります。わかりやすく言えば、定性は「リーダーシップ」や「意欲」など数値化のしにくい要素、定量は売上高や利益など数値化しやすい要素です。私は、真に公正な人事評価のためには、定性による評価の割合をできるだけ減らし、定量による割合を重視すべきだと考えています。実際、ＢＳＣでも「定性」より「定量」を重視するような形で評価基準としていました。

このように主張すると「人事や経理のようなバックオフィスは定量評価できないじゃないか」という反論が返ってくることが多いのですが、たとえば人事なら退職率、経理ならば期末前の売り上げ予測が正確だったか、などといった具合に、工夫次第ではバックオフィスも定量評価が可能なのです。

ＢＳＣの具体的な事例としては、次ページの図7をご覧ください。これは店長などの人事評価を想定して作成した一例です。

図の縦軸には「顧客満足」「人材育成」「セールス」「利益」という4項目が表示されています。代表的な項目として、顧客満足には「ＱＳＣ（クオリティ・サービス・クリンリネス）チェック」、人材育成には「アルバイト離職率」と「アルバイトから責任者への昇格人数」が表示されています。セールスには「売上予算対比」、利益には「利益予算対比」が掲げられています。これらの項目のうち、顧客満足と人材育成は「定性」評価であり、セールスと利益が「定量」評価になります。比率は定性評価が40％、定量評価が60％となっていて、定量のウェイトを高くしています。職位が上がれば定量のウェイトはさらに上が

図7　バランス・スコア・カードの一例

	目標	配分	D	C	B	A	S
顧客満足		20%	1	2	3	4	5
QSC チェック	93点	20%	<88	89-92	93-94	95-97	98<
人材育成		20%					
アルバイト離職率（1年）	85%	10%	>101	100-91	90-85	84-80	79>
アルバイトから責任者への昇格人数	2/2	10%	<0/2	<1/2	<2/2	<3/3	>3/4
セールス		25%					
売上予算対比	予算	25%	<90	91-99	100-103	104-107	108<
利益		35%					
利益予算対比	予算	35%	<90	91-99	100-103	104-107	108<

純粋な成果（定量）によって人事評価ができる

ります。

一方、横軸にはそれぞれの指標の評価が表示されています。達成度によってS・A・B・C・Dの5段階で評価され、Sが5ポイント、Dが1ポイントとなります。それぞれの項目には「目標」数値が決まっていて、目標数値を達成することで得られる評価がB評価です。それを超えればA評価、S評価と上がり、割り込めばC評価、D評価と下がる仕組みです。また、それぞれの項目には全体に占める配分も決まっています。図を見ておわかりのように、定性的指標よりも定量的指標の配分が高くなっています。

たとえば、すべての項目でA評価（4

ポイント）だったとしましょう。この場合、顧客満足と人材育成は4（ポイント）×0・2（配分）で0・8ポイントとなりますが、セールスは4×0・25で1ポイント、利益は4×0・35で1・4ポイントとなります。つまり、定性よりも定量で高い評価を得たほうが、全体としての評価が高くなるように設定されているわけです。定量的指標が高い人のほうが高く評価される。これが定量重視による個人目標の具体例です。

さらに、数値化しにくい定性評価でさえも、数値化して「見える化」することで明確な評価がされるような仕組みになっています。数値化、可視化で自分の評価がわかるために、評価する側と評価される側に「ズレ」が起こりにくく、公平な評価になるというメリットもあります。また、このような、数値化・可視化できる評価形式にしますと、従業員個人が期初の前に自分の「個人目標」を立てやすくなるわけです。形は会社によって異なりますが、定量重視の目標設定は外資の基本です。

③ Performance Review——期末の「成果重視による人事評価」の徹底

これも日本の企業にはよくあるケースなのですが、最初にこれを知ったとき、心の底から驚いたことがあります。

それは、日本企業の人事評価です。業績が下がっていたにもかかわらず、5段階で上位2つの評価を受けた社員が全体の50％を超えていたところもありました。

外資では、そのようなことはあり得ません。まずは②でお話しした個人の目標数値をしっかりと管理したうえで、完全成果主義にしてハイリスク・ハイリターンを追求します。この②と③の二つの方程式を上手に使うと、やる気のある社員、能力のある社員は伸び、会社の業績も上がります。

一例を挙げると、たとえば評価のウェイトは以下のようになります。

S評価―5％
A評価―10％
B評価―70％
C評価―10％
D評価―5％

業績が良ければ、SとAの評価の割合を上げます。

すでにお話ししたとおり、B評価は、個人の目標達成が前提です。どんなに能力があっても（能力があるのであれば、どんな状況でも目標は達成できると思いますが）、目標を達成していなければB評価はつきません。

目標を達成していないC評価とD評価の人はボーナスはゼロです。ボーナスは完全にインセンティブなので、目標を達成できなければゼロなのは当然です。ボーナスの原資は決まっているので、目標を達成できなかった社員のボーナスを、評価の高いS評価やA評価の人に付け替えることになります。

そういうシステムにすると、能力が高い人のモチベーションが上がり、さらに成果を上げようと懸命に努力するようになります。その動きが、会社の業績を急激に引き上げていくのです。

ある外資では、部長クラスで高い成果を上げている人であれば、1回のボーナスで年俸の50％ぐらいもらっている人もいました。仮に2000万円のベース給であれば、1回で1000万円、つまりトータルの年収は3000万円になります。なかなか日本企業ではあり得ないと思います。

日本企業は、ボーナスを年俸の一部としているケースが多いと思います。その典型的な事例が、社員が住宅ローンをボーナス返済にしている人が多いという事実です。外資の成果主義の世界では、ボーナスは将来にわたって確定できるものではありません。日本企業のようにボーナス返済を組み込んでいた社員がいたので、私はすぐにやめるようアドバイスしました。最悪の場合ゼロもあるので、返済が滞ってしまうからです。むしろ、ボーナスが出たときに繰り上げ返済をするか、住宅ローン返済用の口座にストックしておく方法にしたほうが、万が一の事態をうまく乗り切ることができるはずです。

日本企業の場合であれば、部長以上でもいいと思います。シビアな成果を求められるポジションに就いた人は、100％定量評価にして、成果に連動する報酬体系でいいと思います。

メジャーリーグに顕著ですが、いわゆる「出来高払い」にすれば、誰もが自分が上げた成果によって評価されるので、それぞれが懸命に努力します。

イレギュラーな要素さえなければ、全員が業績を上げれば必然的に会社の業績も上がります。個人に還元できる原資は確保できるはずです。逆に、個人が成果を上げられなければ会社の業績も下がりますが、人件費という最大のコストを削減することができます。成果主義は、個人の努力に報いるシステムであると同時に、企業が業績を上手にコントロールするためのシステムでもあるわけです。

日本企業に所属する人が「もっと給料を上げてくれ」と言う声を耳にします。上げてほしいのであれば、完全出来高払いの成果主義という「ハイリスク・ハイリターン」を受け入れる必要があるでしょう。当たり前のことですが、その人たちが主張する「ローリスク・ハイリターン」は、どんな世界でも実現可能性はありません。そのようなことを本気で考えているとしたら、ビジネス感覚が欠如しているとしか言いようがありません。

そもそも日本企業は、何を基準に評価しているかが不透明です。それを明確、明快にするのが成果主義です。人事評価は、会社のマネジメントの最重要項目です。それを曖昧にしておく日本企業が、このままの形で生き残っていけるとは思えません。

私の場合、いつも、人事評価については部長職以上を集めて必ず評価会議を行います。一般社員は別ですが、アシスタントマネジャー以上の評価の公平性と透明性の担保が目的です。参加する部長職の人事評価能力を上げるためでもあります。

個人目標と職務記述書が明確になっていれば、個人が毎日どのような仕事をしているか、上司がいちいちチェックする必要はありません。日本企業によくある日報などというものは不要です。

また、日本企業では朝礼をやっている会社もあるようですが、そういうことも必要ありません。個人として、チームとしてやるべきことが明確だからです。

アメリカ企業を「大人の経営」だとすると、日本企業は「小学生の経営」と思えてしまうようなところがあります。

④Performance Improvement Program（PIP）――業務改善と退職勧奨の仕組み

第5章でも少し論じた「退職勧奨」についてです。ある社員の評価が2年連続でD評価になると、退職勧奨が行われます。外資では、退職勧奨をＰＩＰ（業績改善計画＝Performance Improvement Program）というシステムで実施します。

半期目標を具体的にして、その達成度を本人と上司と人事部の3者で確認し、明確にします。よく揉めるのは、悪い評価を急に告げられるケースです。突然「きみはダメだから辞めてくれ」と言われて、納得する人はさすがにいません。

そこで、1年ぐらい前から警告する必要があります。もちろん、業務改善がうまくいって、本人に成果が出て、本人と会社の双方がWin-Winとなるのがベストな形です。しかしながら、最終期限までに目標未達となった場合には、数字で論理的に説明します。そのうえで、未達の場合には二つの選択肢を提示することになります。

一つは、タイトルダウン（降格）です。理由を明確に伝え、たとえば部長からシニアマネジャーに降格させ、年収も部長の年収からシニアマネジャーの年収に下げるといったやり方です。

もう一つが、退職勧奨です。退職金規定では、自己都合より会社都合のほうが退職金は高くなります。この場合、会社都合の退職金を支給することに加え、プラスアルファの割増退職金をパッケージで提供することを約束します。

二つの選択肢を示されたとき、外資の場合は大半の人が退職を選択します。タイトルダウンを受け入れても、その先に挽回《ばんかい》できる能力があるかどうかは本人がいちばんよく知っています。見込みがなければ、金額の大きい「退職」を選択して新しい職場を求めるほうが、自分にとってメリットが高いことを合理的に理解するからです。こうした論理的なプロセスを踏むからこそ、納得感のある話し合いができるわけです。

このように書くと、やはり「冷たい」「非情だ」という一部読者の方のお叱りの声が聞こえてきそうです。その会社ではなかなか活躍の機会がない、モチベーションがわかない、という人を対象に「このままこの会社で厳しい状態に置かれ続けるよりも、他社で別の可能性を試していただくほうがいい」という話し合いを行い、そして会社としてお金という礼を尽くして辞めてもらう――それはとても辛い作業です。でも、そこから逃げている経営者は、結局、従業員に対して責任を果たしていないということだと思います。

かく言う私も、過去に直接の部下に退職を勧奨をした経験があります。そのときはヘッドハンターを紹介するなど、自分にできるかぎりのサポートを行いました。別の仕事先を探して逆に感謝されたこともあります。そこはやはり人と人との問題ですから、単なる生産性という名目だけで切り捨てるべきではありません（ちなみにその方とは現在も毎年年賀状のやり取りをしています）。

ただし、部下の駄目なところを放置して甘やかすのは、マネジメントの責任者として正しい態度ではありません。なれ合いで仕事をするのではなく、言わなければいけないことは言う、「駄目なところは駄目」と、本人に暖かくフィードバックする、それで改善されればそれでよし、それでも駄目な場合には当人の性格や、やりたいことを考慮しながら、新天地を探すサポートを行います。

実際、外資では、退職勧奨をする社員の再就職支援を手厚く行います。もちろん、その人の能力と受け入れる会社の人材の必要性のバランスによるので、再就職支援が必ず次の転職先の決定に寄与するかどうかはわかりません。

ただ、外資ではよほど働く意欲のない人や能力的に問題がある人を除けば、それほど苦労したという話は聞きません。日本企業の人材の流動化が進んでいけば、さらに選択肢が増えて再就職は容易にできるようになると思います。仮に大企業に入れなかったとしても、中堅・中小企業に受け入れてもらえる可能性は十分にあります。

モチベーションの低い人が同じ会社に居続けても、会社としてその人を生かす道はありません。だとしたら、できるだけ早いうちにその人を外に出し、その人の能力と適性に合った業種や規模の会社に転職したほうが、長い目で見ればその人のためでもある。少なくとも外資ではそのように考えるのです。1軍のチームでベンチウォーマーとして居続けるよりも、2軍のチームでバリバリとプレーができるなら、そのほうが人生は楽しいはずですし、そこでまた1軍に復帰というケースもあるのですから。

退職勧奨を躊躇《ちゅうちょ》し、いたずらに判断を遅らせていたら、その人はすぐに40歳、50歳になってしまいます。その年代でも能力が高ければ引く手あまたですが、能力がなければ受け入れ先の選択肢は非常に狭くなってしまいます。

門戸が開かれているうちに、生きる場所を変える。そうした外資の発想は、活躍する場が限定される日本企業よりかえって人間的なのかもしれません。

外資の退職勧奨は、レイオフと違い解雇ではありません。人事部は会社に残る道を提示しながら、退職したほうが貴方（本人）のためだという説得の仕方をします。日本企業の場合は人事部長に退職勧奨の権限を渡していないため、自己都合の退職金しか提示できません。金銭的なメリットがなければ辞める人はいません。

日本企業にも、割増退職金を出して「早期退職」を募集する会社があります。いわゆる早期退職制度です。しかし、その場合は優秀な人が利用して転職するケースが多くなります。業績悪化に伴って人件費を削るときに、肝心の業績を上げてくれる社員を失ってしまうのです。これを「募集」ではなく「勧奨」に変えていくための新たなシステムを構築する必要があると思います。

こうしたことは、日本企業の人事管掌役員や人事部長にはできないスキルなのでしょうか。絶対にそのようなことはありません。日本企業の人事でも、外資と同じようにできるはずです。日本企業の人事は「できない」のではなく「やらない」のです。

「だって、訴訟リスクがあるじゃないですか」

皆さん、必ずそう言います。

日本の労働基準法に抵触するリスクはもちろんあります。でも本人が納得すれば、問題にはなりません。むしろ、結果的に生産性がゼロに近い社員を大量に抱えこんだあげく、会社の業績が悪化するリスクのほうがずっと深刻なのではないでしょうか。

そういった社員の方々を合理的に減らすことができれば、年間で億単位の人件費が浮きます。それによって収益が改善すれば株価は上がります。さらに、上がった株価を原資として有能な人材を集めることも可能です。そうすれば、さらに収益が上昇することになり、株価の上昇から人材確保への正の循環に入っていけるのです。

私の経験では、上位20％の人が、全体の売り上げの80％を稼ぎ出します。いわゆる「パレートの法則」「働きアリの法則」です。有能な人材を集めること、有能な人材を掘り起こすこと、つまり実績を上げた人は評価し、なかなか上げられない人に退職を勧奨する

「信賞必罰」は、生産性を上げるためには必須なことなのです。

⑤ Succession Plan——後継者育成計画の重要性

「あなたの後任者は決まっていますか?」

そう問われて、明快に後継者を思い浮かべられる日本企業の社長はほとんどいないのではないでしょうか。なぜなら、サクセッションプラン(後継者育成計画)を実行している日本企業がほとんどないからです。

サクセッションプランを担うのは「指名委員会等設置会社」です。指名委員会等設置会社は、取締役会の中に設けた指名委員会、報酬委員会、監査委員会によって取締役が経営の監督を行い、取締役会が選任する執行役が、取締役会から権限を委譲されて業務の執行を行う形態をとる会社を指します。

ところが、日本の上場企業のうち80%は指名委員会等設置会社ではないため、次期社長のサクセッションプランが行われていない現実があります。社長のサクセッションプランさえないのですから、取締役や執行役、次代を担う部長クラスのサクセッションプランは当然のことながらありません。

現実的には、毎年の異動シーズンに「玉突き人事」で場当たり的に昇格者を決めているのが大半です。この弊害は、万が一の事態が起こったとき、つまり事件・事故・業績悪化などのときに、後任者を機動的に当てはめて対処することができないことです。

有能な人材の層が厚い、一部の大企業ならば問題が起こらないかもしれませんが、それは稀です。通常は不測の事態が起こったときに対処ができず、後任者を適格な人材に育てるまでのタイムラグが発生します。企業の舵取りをする社長、ボードメンバー、執行役員、部長クラスが機能しない期間は、生産性が低下し、効率の悪化につながります。

それは企業の死活問題になるので、外資では指名委員会などで社長のサクセッサー（後継者）、ボードメンバー（取締役）のサクセッサー、ヴァイスプレジデント（執行役員）のサクセッサーのリストを作成するのが普通です。女性の登用を積極的に行ってきたアメリカでは女性のサクセッサー選びも盛んに行われています。日本でも行うべきです。具体的には次のような視点でサクセッサーが選ばれます。

次ページの図8のように「パフォーマンス」と「リーダーシップ」の関係性を見ながら選定していきます。

パフォーマンスもリーダーシップも高い右上のカテゴリーにいる「サクセッサー（昇進

図8　サクセッサーの選び方

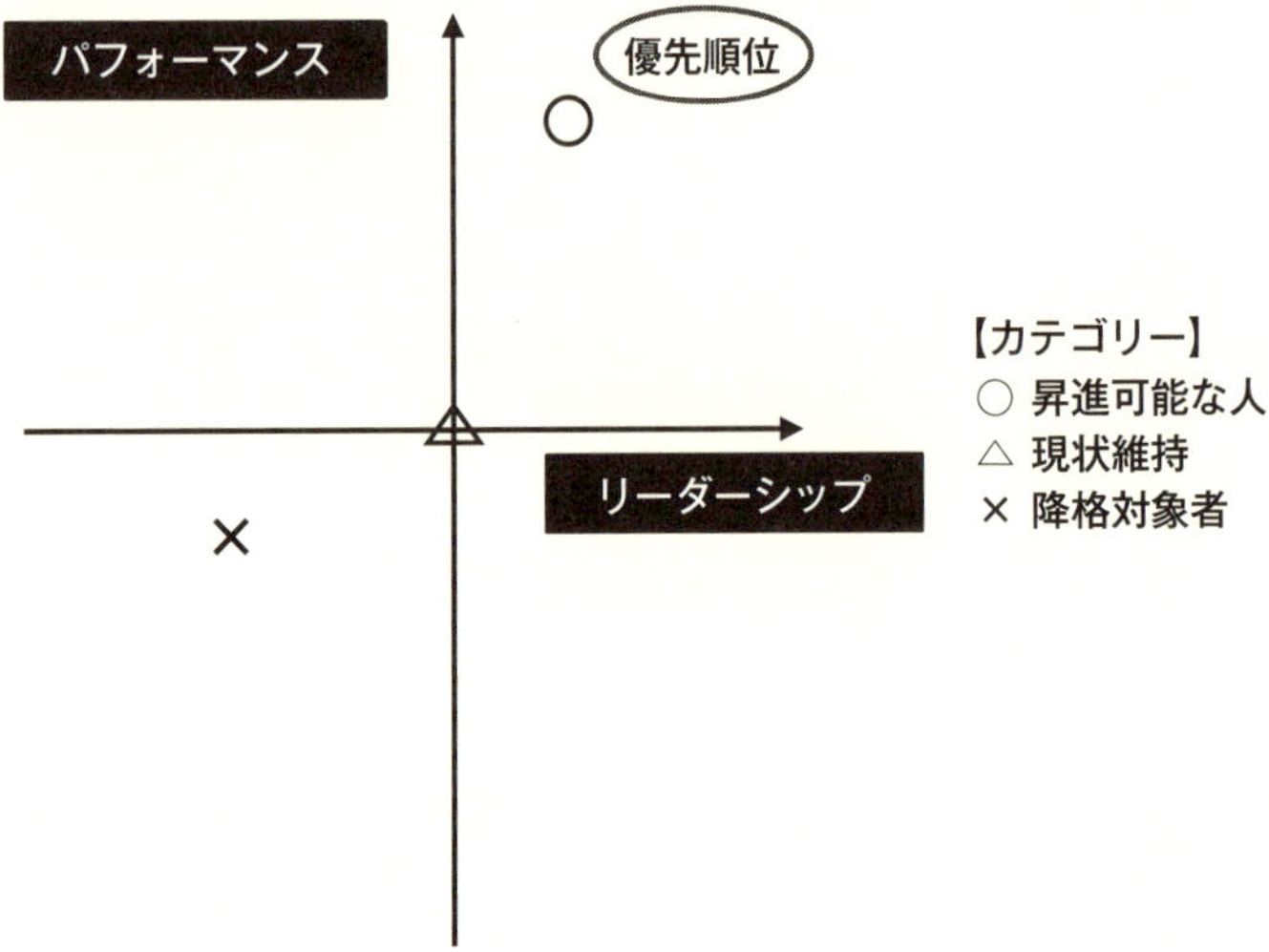

可能な人）」は、後継者としては適任ですが会社から出て行くリスクもかなり高くなります。何も手を打たなければ、別の会社に奪われてしまいます。その場合、サクセッサーの候補者として会社にいてもらうために、こっそりと耳打ちするのです。

「あなたは将来、ＶＰ（ヴァイスプレジデント）の可能性がありますよ」

そうすると、彼らの離職リスクは下がります。

さらに、右上にも左下にも属さない中間層「現状維持」人材は、すぐにサクセッサーになれるわけではありません。しかし、人によっては、足りない部分を補えば、サクセッサーになれる可能性を秘めています。

この現状維持人材をサクセッサーにするために、人事を中心として1年から数年かけてトレーニングを重ねていくことになります。そのうち、何人かはサクセッサーとして頭角を現してきます。サクセッサーに見合う人材を発見するのも、将来のサクセッサー候補生を発掘するのも、サクセッションプランがなければ不可能です。


理想は、上場企業の場合は指名委員会に社外取締役が就任し、社外の人間と人事部がサクセッションプランを担う形だと思います。一方、未上場企業や中小企業の場合で社外取締役を導入するのが難しい場合は、社長と人事部長を中心にサクセッションプランを実行します。それだけでも、はるかに効率の良い経営に変わっていくはずです。

さらに言えば、社長や取締役につながる執行役員、部長を、中小企業ならば課長のサクセッサーも、人事部長をトップにしたサクセッションプランでリストアップしておくべきでしょう。人材が途切れてしまうと、業績も生産性も低下してしまいます。リストアップされていることを本人に伝えれば、モチベーションも上がり、より努力をするようになります。サクセッションプランは、有能な人材を継続的に会社に存在させる、重要な手段なのです。

⑥ Restructuring――人員削減だけがリストラではない

外資系企業では、年間の利益額を株主にコミットしています。株主は予想される配当がもらえれば文句はないので、売り上げがふるわなくても利益が確保できればそれでいいと考えます。そのため、第１四半期が終わって売り上げの予算が未達だった場合、社長は必死に利益を確保しようと手を打ちます。

具体的に行う手立ては次の三つです。

一つ目。予算の範囲内で雇う予定にしていた人材の採用をすべて凍結します。ある会社の現在の予算上で必要な社員が５００人だったとします。期初はその人数を満たしていても、期中でポロポロと辞めていきます。その時点で４８０人しかいなくなっていたとしたら、辞めた20人分の採用を予定します。

しかし、採用する前に業績が悪化したとしたら、即座にその採用を中止します。これをハイヤリング・フリーズ（Hiring freeze）といい、まず最初に手をつける部分です。

二つ目。出張も禁止にします。それがトラベル＆エンターテインメントエクスペンス

（出張費・交際費）の削減です。

私がアメリカのマクドナルドにいた1986年は、業績がよくありませんでした。グローバルな会社なので海外出張が多いのですが、そのときは海外出張はすべてストップされました。

アメリカ国内の出張も、いつものように簡単には行けません。どんなに近くでも、いちいちCFO（最高財務責任者）の許可を得なければならなくなりました。当時はテレビ電話が少しずつ普及し始めていたので、電話で仕事をしているような毎日でした。

もちろん、接待のための交際費も原則としてすべて禁止です。

三つ目。それでも利益が確保できなければ、合法的にレイオフを行います。よくアメリカ企業がレイオフしたというニュースを耳にすると思いますが、ヘッドカウントリダクション、すなわち人員を減らしてコストを削減し、生産性を上げようとします。

売り上げが下がって利益が減っているときにしなければならないのは、売り上げの拡大とコストの削減です。したがって、リストラをするときには直接営業に関わるところには、あまり手はつけません。

真っ先に手をつけるのは、サポートファンクションです。ファイナンスやリーガル、エンジニアなど、残った人で辞めた人がやっていた仕事をシェアできるような部門の従業員にレイオフの手がつけられます。

アメリカのマクドナルドにいた当時、たまたまオペレーションの開発がらみで米国内で出張をしていて、あるエンジニアも同行していました。無事出張を終え、家に帰ったら一緒に行ったそのエンジニアから電話が入ったのです。

「リストラでクビになった……」

彼は、会社に行って自分の荷物をまとめて段ボールに入れ、会社を出て行きました。それで終わりです。

会社は、生産性が低い部門、売り上げ実績の悪い部署を閉めたりもします。これをポジションリダクションといい、非効率的な事業部を閉鎖することで、そこに所属する人員を減らすことが合法的にできるのです。

四半期決算を終えて利益が出ないと、一時的に株価が大きく下がります。しかし、後日、従業員の5％、10％のリストラを発表すると、株価は元の水準に戻ります。

なんとかリストラして、この利益の目標だけでも達成したいという必死の姿勢が伝わってくると「この経営者はまともだ」と判断されるからです。

こうした手を打ち、次の四半期で利益が出れば、社長は退任にならずに済みます。しかし、年間利益が未達の場合は、すぐに退任になります。謝れば辞めずに済む日本企業とは大違いです。アメリカの企業は、常に緊張感にさらされているからこそ、生産性を上げようとする姿勢が当たり前になっているのです。

一方、日本には「整理解雇の4要件」があります。

①「人員整理の必要性」　人員を整理しなければならない経営上の理由があるか

②「解雇回避努力義務の履行」　希望退職者の募集、役員報酬カット、配置転換など、解雇を回避するための努力を尽くしたか

③「被解雇者選定の合理性」　解雇する人の選定基準が合理的かつ公平であるか

④「解雇手続きの妥当性」　解雇対象者、労働組合などと協議し、整理解雇について納得を得るための努力を尽くしたか

これらの要件をすべて満たしていないと、解雇ができません。しかし、この4要件はさ

まざまな解釈が生まれます。雇用者にとっては、労働基準法に抵触するリスクがあると考えます。すると、リストラを実施することを躊躇する感情が生まれてしまいます。

外資は、このような機会にスリム化して生産性を上げようとします。しかし、日本企業は踏み込めません。外資は四半期単位で業績が回復するのに、日本企業は業績の悪化が長く尾を引き、いつまでも負の遺産を背負い続けます。この違いが、外資が日本企業を効率と生産性で大きく引き離す要因の一つとなっているのです。

⑦5-Year Strategic Plan——5年分の戦略計画

「5-Year Strategic Plan」は、5年間の中長期計画です。日本企業は中長期計画を作っても3年程度であるところが多く、5年間の中長期計画を作っているところはほとんどないようです。

また、日本の企業の場合は、仮に作っているところがあるにしても、3年計画を作成し、それを3年目まで遂行したら、それで終わりです。継続して続く中長期計画がない。あったとしてもそれが連動していないので、持続的な成長に結びつかないのです。

外資では、5年計画の1年目が終わった段階で、その5年計画をゼロベースで見直していきます。これをローリングと言います。具体的には、次のような手順を踏みます。

まず、5年間どのようにして成長していくか、オーガニックグロース（従来の事業による成長）に加えて、新規事業やM&Aなどを含む大きな戦略を考えます。具体的には、大きなビジョンのわかりやすい数字、たとえば300億、1000億円などの売り上げ目標を考えます。

次に、5年間の売り上げの平均伸び率（Compound Annual Growth Rate・CAGR）を決定します。基本的に外資の場合は常に2桁成長が望まれますから、たいていは10％以上で設定します。これは、対外的に発表する必要のない数字です。発表すると、それを実現できなかったときのリスクが生じるからです。

現在の売り上げが1000億円だとしましょう。CAGRを10％と設定したら、5年後には1610億円になります。このとき、5年後に1610億円の売り上げを実現するにはどのような戦略が必要かという視点で考えます。これが基本的な5年計画の初年度です。

業績が上方修正されたことによって株価が上がれば、企業価値は計画よりも上がったことになります。従業員の給料も、その分増額します。

より上方にシフトした計画を立てることによって、従業員にも創意工夫が生まれ、企業としての、ビジネスパーソンとしての強さが増していきます。ハードルを高くすることを日本企業や日本人は嫌がりますが、外資では成果が給料に直結するため、より高い成果を生み出すことにフォーカスできるのです。

⑧ Annual Operating Plan――年間遂行計画

前項で触れた5年戦略計画の1年目を期初に掲げたもの――それがこの年間遂行計画です。日本の年間計画などに該当するものです。外資の年間遂行計画は、日本の年間計画のように戦術（従来の事業）だけではなく、戦略（M&Aや新規事業など）もしっかり入っています。

アメリカ企業の決算は、マクドナルドを含め、ほとんどが12月です。しかし、ディズニーは9月決算で10月が新年度のスタートです。アメリカでは珍しい会社だと言っていいと思います。

なぜ10月を新年度にしていると思いますか？

ディズニーはエンターテインメント企業です。お客さんに映画やパークに来てもらうには、イベントの時期が最適です。10月から12月の第1四半期には、サンクスギビングホリデーやクリスマスホリデーという、アメリカ人にとってのビッグイベントが続いています。これらのイベントの時期は、かなり人が動きます。映画館やパークにも、多くのお客さんが押し寄せてくれる時期なのです。

企業にとって第1四半期は、非常に重要な意味を持ちます。第1四半期にスタートダッシュができれば、1年間の業績が見えてきます。スタートダッシュに失敗しても、第2四半期から第4四半期で挽回《ばんかい》するチャンスはいくらでもあります。最悪、先ほどお話ししたようにコストカットによる利益だけでも目標は達成できるのです。

ディズニーの場合、第1四半期に「ヤマ」を設定すれば、このような効果を得ることができます。反対に、ほかの企業と同じように12月決算にすると、最後に「ヤマ」を持ってくることになります。

このとき、第3四半期までの業績は思わしくなくても、最後の第4四半期で逆転満塁サヨナラホームランで勝つことも期待できます。しかし、そこで思いのほか業績が上がらなかったら、リカバリーできないので負けが確定してしまいます。そのリスクをおかすこと

図9　年間カレンダーの一例

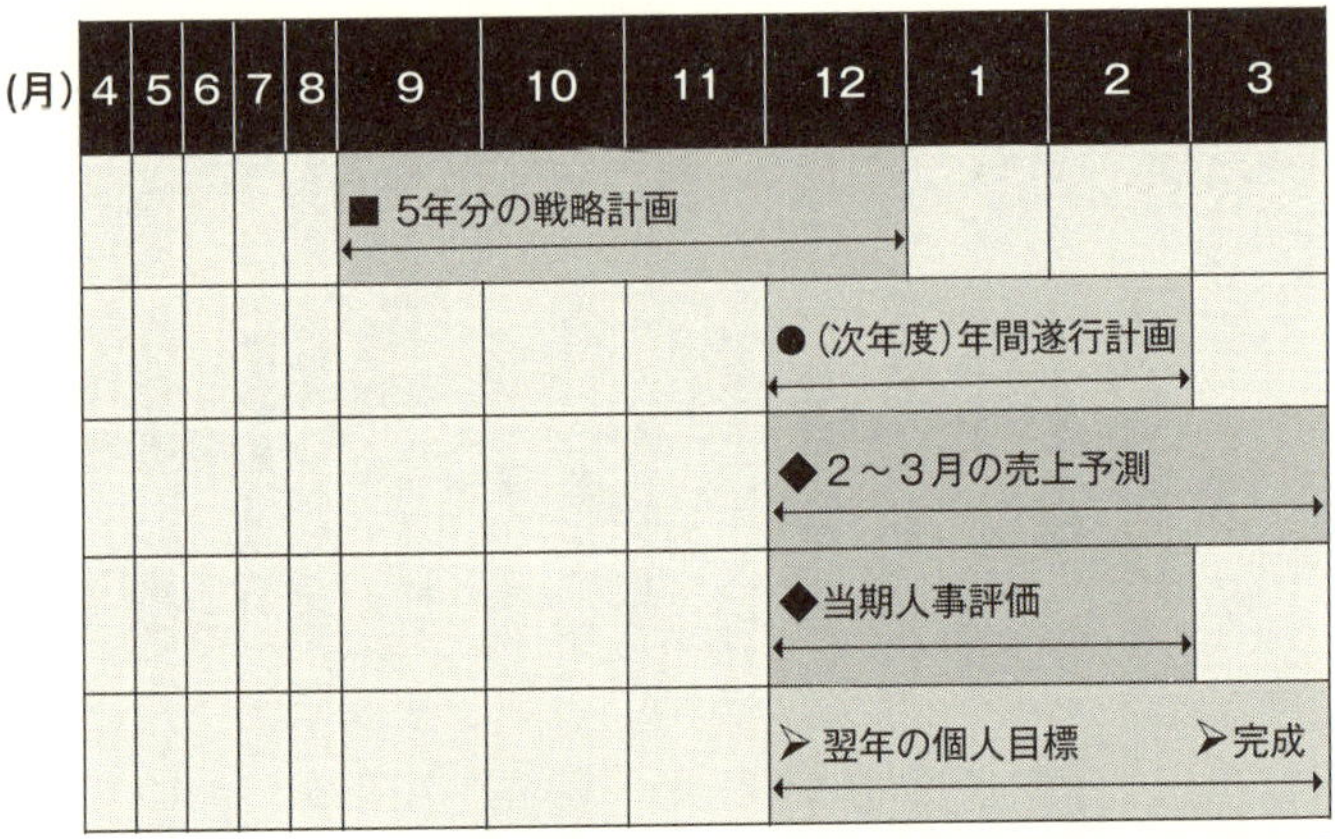

◆当期人事評価は、2～3月の売り上げを予測し実施

はできないため、9月決算にして10月から12月を第1四半期に設定したのです。

ある製薬会社はインフルエンザに効果があるという薬を製造していますが、ハイシーズンは、インフルエンザが流行する1月から2月です。先ほどのディズニーの理屈で考えると、新しい期のスタートを1月にして、ロケットスタートを切ったほうがいいのではないかと思います。そこで思惑通りの業績を確保できればいいですし、うまくいかなくても残りの9ヵ月で何らかの手を打つことができます。

日本企業の大半が3月決算に設定している意味はあまりないのではないかと思います。ただ単に、国や地方自治体の会計に合わせているのかもしれませんが、1年間の総決算は、業種や業態によって、あるいは扱っている商品によって変えなければならないと思います。

外資では⑦の5年分の戦略計画や⑧の年間遂行計画を組み入れて年間カレンダーを作成します（図9）。

まず、先ほどの5年分の戦略計画の作成を9月から着手し、12月までにまとめます。それをベースに、12月から翌年2月までの間に、来期の予算とその戦略を決定します（次年度の年間遂行計画）。

日本企業によくあるのは、3月末の実際の数字を見て評価するケースです。そうなると、4月1日から始まる翌期の目標が3月までに作成できないのです。すると4月1日から新しい期がスタートしているにもかかわらず、何を目標にするのかわからないまま仕事をすることになってしまいます。スタートダッシュの重要性はすでにお話ししましたが、これではダッシュどころかスタートも切れません。

そこで、スケジュールを前倒しにして、2月には期末の数字を出すようにします。2月と3月は実績数字が固まっていないので、予測値で売り上げと利益を出します。そして、その数字をもとに当期の人事評価と翌年の個人目標とを一気に作ってしまうわけです。

「予測数字で評価するんですか？　その正確性は大丈夫でしょうか？」

日本企業の人にこの話をすると、必ずそう言われます。つまり、ボーナス欲しさに予測値を水増しする社員が出てくるのではないかというのです。

水増ししたければ水増しさせてもいいのです。その代わり、過大な予測値を出せば出すほど、翌年の自分の首を絞めることになってしまいます。このシステムを導入した当初は誤差が生じるかもしれませんが、いずれこのような問題は発生しなくなります。

私が申し上げたいのは、評価と目標設定をするタイミングです。期が終わる前にはすべて終えておかないと、スタートダッシュができないからです。外資では、このような流れで進むのが一般的です。それは、スタートダッシュに対する考え方が日本企業と大きく違うからです。前倒しをして予測しない限り、スタートダッシュはできません。

そしてもう一つ。年間計画を立てるとき、日本企業の悪しき特徴は、いわゆる「昨対（昨年対比）」を持ち出すことです。初めてそれを聞いたとき、驚きを通り越して不思議に思いました。

上場企業の決算を統轄している東京証券取引所（東証）が、各企業に第１四半期を終えての報告書を出させます。ですが、そこには昨年の実績数字と今年の第１四半期の数字しか記入する欄がありません。今年の予算（目的達成のために計画を立てた費用）に対する実績の比率を書く必要がないのです。

しかし、上場企業が責任を負っているのは、株主に対して発表した来期の予測数字のはずです。そこに興味を持った人が株を購入して株主になっています。ということは、昨対ではなく予測に対する実績のほうが、株主にとってはずっと重要なはずです。それなのに、予測に対する実績を出さないのです。

昨対は、あくまでも自分たちの会社の論理でしかありません。会社が責任を負うべき株主を見ていません。こういうシステムである限り、経営者にも予算（目標）を１００％達成しようという強いマインドが生まれません。ここにも、日本企業の問題が横たわっています。

企業は人なり。外資も人なり

企業は、人が大事です。それは外資でも同じです。でも、本当に人を大事にしているのは、はたしてどちらでしょうか。

これまで見てきたように、外資の人事制度は非常に合理的です。完全成果主義で、結果を出せなければ退職勧奨される。しかし、優秀でさえあればいいのでしょうか。

この点は大きく誤解されているかもしれませんが、いくら優秀でも人格的に問題があれば、その人にも退職勧奨が行われます。外資とはいえ、いえ、外資だからこそ、仕事はチームで行うものです。人柄が悪ければチームでの仕事に支障を来たし、ほかの人の仕事にも悪影響を与え、生産性と効率が低下する怖れがあるので不適格と認定されます。

戦略的で、地頭が良く、行動力があるのに人のマネジメントができない人材は、チームのトップに置くのではなく、チームの一員として特殊な仕事を与えるようにします。その優秀さを生かそうとするならば、チームのトップがその人材をコントロールできる状態に置いておけるかどうかが判断の分かれ目となります。

売り上げが伸び、利益が増え、それまでの80%の人材で組織を回していくと、やがて残った80%のうちの20%が働かなくなり、業績を上げられなくなります。この「働きアリの法則」問題は、常に起こります。

だからこそ、2―6―2の上位20％の人材の能力を正当に評価し、成果に的確に報いる報酬を与え、さらに大きな成果を上げるように仕向けていく人事政策が必要不可欠になってくるのです。

逆に言えば、業績の上げられないマネジメント層や部長職、シニアマネジャークラスに退いてもらえれば、不満を抱えていた有能な部下を引き上げることもできます。いわゆる「飛び級」のようなことも可能です。

そうすることで彼らの収入が上がり、モチベーションが高まってさらに努力するようになれば、さらに高い成果を生み出すようになります。その質の高い循環に持ち込むことができれば、会社全体の至るところで同じことが起き、底上げも期待できます。

こう見ると、外資はいかに人事を重視しているかがおわかりいただけると思います。

一方、日本企業は「従業員を安い給料で長時間働かせる」というマインドが染みついているように見えます。ここで紹介した外資「勝利の方程式」に従い、生産性を上げることに応じて給料を上げるマインドに変化しなければならないと思います。

第7章　今後日本に押し寄せる効率化と生産性向上の波

日本企業はこれから必ずグローバルな世界での戦いを余儀なくされます。それは生産性の高い、儲けることに徹した世界の企業と闘わなくてはならない、ということでもあります。好むと好まざるとにかかわらず、日本の企業は「闘える身体」に変わっていかなくてはなりません。変わるのは企業だけではなく日本社会も同様でしょう。

現在、アメリカでは常識になっているものの、日本にはまだ導入されていない社会・経済システムは数多くあります。そのうち、今後かなりの確率で日本に導入されると思われるものをピックアップしたいと思います。まずは経済システムからです。

企業のボードメンバーはCEO以外がすべて社外取締役に

2015年2月、金融庁と東京証券取引所は一部と二部に上場する企業に対し、最低2人の社外取締役を選任するよう義務づけました。

続いて、アメリカの議決権行使助言会社のインスティテューショナル・シェアホルダー・サービシーズ（ISS）は、2019年2月に取締役会の定数の3分の1以上を社外取締役にするよう求めました。議決権行使助言会社とは、機関投資家に向けてさまざまな企業の株主総会の議案を分析し、その賛否を助言する会社です。ISSは世界でもっとも影響力のある助言会社と言われていて、そのISSが議決権行使の助言方針を改定、公表したのです。

これらを受けて、日本企業はどのように動いているのでしょうか。

2018年の日本取締役協会の「上場企業のコーポレート・ガバナンス調査」の「取締

役会に占める社外取締役の比率（東証一部）」によると、3人以上の社外取締役がいる企業は45・3％。3分の1かつ3人以上は31・7％にとどまっています。

これに対して、アメリカでは1992年の時点ですでに、取締役の50％を社外取締役にすることが義務づけられています。しかし、日本取締役協会の同じ調査では、過半数の社外取締役がいる企業は4・9％しかありません。アメリカ企業が過半数の社外取締役を義務づけてから26年経っても、日本企業はまだ5％以下の企業しか過半数に達していないのです。

前述のとおり、最近まで、アメリカのディズニーではCEOのボブ・アイガーさん以外の9人の取締役が、すべて社外取締役でした。フォックスと合併した影響で現在は社内取締役が増えましたが、GAFA（グーグル・アップル・フェイスブック・アマゾン）をはじめ、アメリカの主要企業では社外取締役が大半を占めるところがどんどん増えています。アメリカの各社が社外取締役を増やすのは、コーポレートガバナンス（企業統治）を高めるためにほかなりません。

企業のガバナンスやコンプライアンス（法令遵守）が問われ、ガバナンスやコンプライアンスの欠如が企業を倒産に追い込む時代、この流れは止まらないと思います。

遅々として進まない日本企業にも、この流れは必ず押し寄せてきます。まだ時間はかかるでしょうが、ＣＥＯ以外はすべて社外取締役になるような時代がやってくるでしょう。

指名委員会・報酬委員会が導入される

２０１５年5月1日に「会社法の一部を改正する法律」が施行されたことに伴い、日本でも、それまでの「委員会設置会社」が「指名委員会等設置会社」に名称を変更しました。

指名委員会等設置会社は、アメリカの企業が導入している組織形態を参考に制定されました。取締役会に「指名委員会」「報酬委員会」「監査委員会」の設置が義務づけられていて、そのメンバーの過半数は社外取締役が就任しなければなりません。その狙いは取締役会から業務執行権を分離し、取締役会を監督機関と位置づけ、経営効率を高めてコーポレートガバナンスを高めるためです。

ところが、先述した「上場企業のコーポレート・ガバナンス調査」によると、東証一部上場企業２１０２社のうち、指名委員会等設置会社はわずか60社（2・9%）しかありません。その代わり、指名委員会と報酬委員会の設置が義務づけられていない「監査等委員会設置会社」が513社（24・4％）、旧来の「監査役会設置会社」が1529社（72・7％）と圧倒的です。

ただ「監査等委員会設置会社」「監査役会設置会社」のうち、任意で指名委員会と報酬委員会を設置している企業もあり、東証一部上場企業のうち、指名委員会と報酬委員会のいずれかを設置している企業は39・0％になっています。

それでも、およそ6割の東証一部上場企業に、指名委員会と報酬委員会がない――それが日本企業の現実です。東証二部、マザーズなどの上場企業、未上場企業を含めると、かなりの企業が導入していないと言っていいと思います。

第6章でお話ししたサクセッションプランは、指名委員会によって行われるのが一般的です。その機能を持っていない会社が大半を占める日本企業の、健全な後継者育成が滞っているのは明白です。

この制度もまた、そう遠くない将来に日本企業にも行き渡るはずです。後継者を効率的に選び、経営者のバトンタッチによる生産性の低下を防ぐ意味でも、避けては通れない道だからです。

レイオフ・リストラが認められる

ご存知のとおり、日本でレイオフは法律で認められていません。業績が悪化した企業が人員削減策として実施できるのは、全従業員に「早期退職」を呼びかけ、割増退職金を与えたうえで退職してもらう方法だけです。

早期退職で問題になるのは、多くの日本企業がある一定の年齢を基準として早期退職の募集をかける点です。「45歳以上」「50歳以上」などと線引きをし、応募した社員をほとんどすべて退職させてしまいます。

しかし、早期退職に応募する社員は、外に出てもやっていく自信がある、つまりは優秀な人材である場合が少なくありません。業績を回復させるために必要な人材が、業績悪化に伴って会社を辞めてしまうという皮肉な状況に陥ってしまうのです。

一方、第6章で触れたように、外資は法的にレイオフが認められています。業績が悪化したときには、ヘッドカウントリダクションによってコストを削減することが合法的に認められているのです。さらに、前向きなM&Aにおいても、買収先企業と経営を統合する際に生じた余剰人員をレイオフするのも合法です。

そのうえ、外資はレイオフする対象を任意に設定できます。業績の悪い部門のトップや評判の悪い社員などのローパフォーマー、あるいは年俸の高い管理職など、レイオフによるコスト削減効果の高い社員を人事がピックアップしてレイオフできます。もちろん、工場を閉鎖するときに、一般の従業員をレイオフすることも問題ありません。これらのことが合法的にできないから、日本企業の人材の流動化は進みません。

日本企業が業績悪化したときに外資のようにレイオフを実施するには、法律の改正が必要です。その手続きのハードルは高そうですが、合法的にレイオフを実施できるようになれば、会社が潰れるケースは激減していくと思います。そしてその流れは、確実に日本企業にも入ってくると思います。

積極的なM&Aが行われるようになる

日本の大きな問題として横たわっているのは、たとえば東京であれば大田区、大阪であれば東大阪市などにある、優れた技術を持った中小企業に後継者がいないことです。存続すれば高い価値を生み出せる中小企業が、後継者がいないばかりに廃業せざるを得ない苦境に陥っているのです。

そうした「潰してしまうにはもったいない」価値のある中小企業をM&Aで生かすとい

う発想が、日本企業の経営者にはほとんどありません。経営者に戦略的思考がないことに大きな要因があるように思えます。

経営者の視点から言えば、日本企業は「業界全体で仲が良い」ことにもM＆Aが進まない要因があると思います。それぞれの業界には、業界団体が存在します。その業界団体に加盟する企業の経営者同士の関係が密であるケースが少なくありません。

そうなると、加盟する企業の間で「救済」の意味合いではなく積極的なM＆Aを仕掛ける空気は醸成されません。本当は欲しくても、その企業との関係や業界内での評判を過度に気にするあまり、二の足を踏んでしまう。ここでも「情」に左右されてしまうのです。

外資はM＆Aによって収益性の高い新たなビジネスを取り込むことで、オーガニックグロース以外の成長を手にしようとします。ディズニーのように、買収先のビジネスだけでなく有能な人材まで取り込もうとする視点も持っています。外資の行動は明確な戦略に基づいており、日本企業のように「情」に左右されることはありません。「買える先」を買おうとする日本企業に対し、外資は「買いたい先」をどんな手を使ってでも手に入れるという姿勢でM＆Aに臨みます。実現可能性ではなく、勝ち組と組まなければ成長しないという外資の基本スタンスに則ってM＆Aを進めるのです。

オーガニックグロースだけでは成長の限界を迎えるなか、日本企業でも長期的な戦略に基づいた積極的なM&Aが行われるようになっていくはずです。最近ではサントリーがウイスキーの「ジム・ビーム」で知られるビーム社を160億ドルで買収しましたが、サントリーホールディングス社長の新浪剛史さんには是非とも成功していただきたいと思います。

次に、社会システムについて見てみましょう。社会システムの変化は個人の生活に大きな変化を及ぼします。もちろん企業活動にも影響を与えるものになるはずです。アメリカ発のこの変化の兆しを押さえておくことは、きっとビジネスにも役に立つと思います。

幼児虐待の回避

アメリカは、人口を増やさないと国の繁栄がないという考えが基本にあります。かつては日本の2倍だった人口は、現在は3倍になっています。アメリカの国力の繁栄は言うまでもありませんが、子どもをしっかりと守り、人口を増やすのは国家の役目と考えているようなところがあります。

そのアメリカでは、小学校低学年までの子どもに1人で留守番をさせたり、車の中に置き去りにしたりすると、幼児虐待として親が逮捕されます。12歳までは常に親が保護する義務が生じます。

私もアメリカで生活していたとき、3歳の子どもを車に残したままスーパーで買い物をしたことがあります。季節は秋。夏のように車内が高温になることはありません。しっかりとロックをして、短時間で戻る予定で車をあとにしました。

それほど時間が経っていないのに、車に戻ると近くにパトカーが停まっていました。警察官から「どうして子どもを1人で車の中に置いとくんだ?」と責められます。子どもが泣いているわけでもないのに。そのとき、警察官から聞いて初めて知りました。アメリカでは子どもを車に置き去りにするだけで幼児虐待になるというのです。日本から来たばかりで、法律を知らなかったこともあって逮捕は免れましたが、それからは気をつけて行動するようになりました。

アメリカでは、当時から子どもの誘拐事件が頻発していました。日本での子どもの誘拐は、ほとんどの場合身代金を要求する営利誘拐です。しかし、アメリカでは子ども欲しさに誘拐するケースが間々あるので、検挙に至らないことも多かったのです。子どもを守るため、そんな発想から置き去りが厳しく取り締まられるようになったといいます。

日本では、パチンコのために駐車場に子どもを置き去りにし、何時間にもわたって戻らない親がいます。そのため子どもが亡くなる痛ましい事件も起きています。子どもが1人で出かけてしまい、何日も行方不明になったケースも最近起こりました。たまたま見つかったからよかったものの、いつ悲劇が起こらないとも限りません。

日本は、今後さらに少子化傾向に拍車がかかります。生産年齢人口という観点から見ても、子どもを守ることは国家の繁栄に直結します。そう考えると、かつてアメリカが考えたように子どもを保護し、人口を増やすために子どもを虐待から守るという発想が、近い将来導入されても不思議ではありません。日本の場合は幼児虐待と言えば子どもに暴力をふるうという意味合いが強いですが、アメリカのように「子どもを1人にしない」という動きはますます強まっていくでしょう。

消費税は20%になる

現在、アメリカの消費税にあたる小売売上税《セールスタックス》は高いところで10%です。ただし、州によっては食品はゼロです。

低所得者層にとっては、食品が高くなることがもっとも困るので、生存にかかわる食品はゼロにしています。その代わり、食品でもお酒やスイーツなどの嗜好品《しこうひん》には課税されています。嗜好品がなくても生きていけるからです。

日本もゆくゆくはヨーロッパ並みに消費税率が20％になるでしょう。消費税を大幅に引き上げでもしないかぎり、１０００兆円を超える借金で日本財政は確実に破綻するからです。

ただし、消費税を引き上げる際には、アメリカの一部の州のように食品は非課税にするべきだと思います。日本では、10％に引き上げられる２０１９年10月から軽減税率制度が導入され、一部の食品などは低所得者対策として８％に据え置かれることになりました。しかし、私は消費税を20％にして、食品をゼロにしたほうがスッキリすると思います。20％まで引き上げられることになるときには、この問題を解決しなければならなくなるでしょう。

救急車も有料かつその場でクレジットカード払いに

第1章で、交通違反の反則金はクレジットカードでその場で払うとお話ししました。アメリカでは、救急車も有料です。

私もマクドナルド本社にいたころ、階段から足を滑らせて重度の捻挫《ねんざ》をしてしまいました。社内にいた人が救急車を呼んでくれたのですが、救急車に乗る直前に救急隊員からこんな言葉をかけられました。

「ビザですか？　マスターですか？」

「は？」

「いや、救急車に乗るにはお金がかかるんですよ」

「いくらですか？」

救急隊員が機器を持ち出し、手続きを始めました。カードを持っていない場合もあるので、支払い方法はほかにもあるのでしょう。これは、救急車をタクシー代わりに使う人が増えてきた迷惑行為への対策でもあります。

最近、日本でも救急車の使い方が問題になっています。心ない人は、救急車が無料で使えるのをいいことに、病院までのタクシー代わりにしているケースが増えていると聞きます。有料にすることへのハードルは高いでしょうが、近い将来、この方法が導入されるのではないでしょうか。

個人情報保護の観点で表札がなくなる

アメリカと日本の間に大きな認識違いがあるのが「個人情報保護」の観点です。アメリカの個人情報保護が先進的なのは明らかですが、日本も遅ればせながら個人の意識に定着してきたように見えます。

でもそれは、私の認識違いでした。日本の住宅に掲げられている「表札」を見て、個人情報保護の視点が日本人には圧倒的に欠けていると感じざるを得ないのです。

アメリカでは、各住居に表札はありません。住居表示のみです。しかし、日本の住居にはほとんど漏れなく苗字が書かれています。場合によっては世帯主のフルネーム、最悪のケースでは、ご丁寧に家族全員のフルネームが書かれている家もあるほどです。これを見ると、好き好んで個人情報を「ダダ漏れ」にしているとしか思えません。犯罪防止の観点に立っても、健全な姿とはどうしても思えません。

近い将来、日本でも表札はなくなると思います。むしろ、個人情報保護の観点に立脚すれば、表札はなくさなければならないのではないでしょうか。

インバウンド（訪日旅行）の強化

世界中のホテルでは、部屋代は部屋単位で徴収されます。同じ部屋に入れる定員はそれなりに決まっているでしょうが、1人で宿泊しても、それ以上で宿泊しても、値段はまったく同じです。

しかし、日本資本のホテルは1人当たりの料金が設定されているケースが数多くあります。これだけインバウンドに力を入れているなか、世界のスタンダードとかけ離れたシステムを採用していると、外国人に理解されなくなってしまうでしょう。

韓国に行ったときに、体調を崩して病院に行ったことがあります。そこには英語のできるスタッフも日本語のできるスタッフもいませんでしたが、促されて電話に出ると、英語も日本語もできる通訳が応対してくれました。

日本には、そのようなスタッフを置いている病院は数少ないと思います。これからますます日本企業の収益源が限られていくなか、さらにインバウンドを強化していかなければならないと思います。この命題に立ち向かっていくとき、これらの問題の解決は必須条件となっていくでしょう。

第8章　戦略的転職のすすめ

転職がごく当たり前の時代が日本にもやってきます。今の会社、現状の仕事に満足していても、それが続くという保証はどこにもありません。来るかもしれない「その日」に備えて、ビジネスパーソンとしてのスキルアップを常に意識しておくことが肝要です。最終章ではそんな話をまとめてみました。

日本企業の社長の４タイプ

最近までウォルト・ディズニー・ジャパンのすべてのディビジョンを統轄していたこともあり、これまで私は、上場企業約４００社ほどの社長とお会いしてきました。その経験から、社長のタイプが大別して4種類あることに気づきました。

第一のタイプは、自ら起業して会社を大きくした「起業社長」です。ソフトバンクの孫正義さん、楽天の三木谷浩史さん、私の高校時代の同級生であるツタヤの増田宗昭君などが該当します。創業者であるお父さんの会社を一新し、急成長させたユニクロの柳井正さんもこのタイプに入るでしょう。

第二のタイプは、いわゆる「プロ経営者」です。ジョンソン&ジョンソン、カルビーからライザップに転じた松本晃さん、日本コカ・コーラから資生堂に転じた、私の大学の後輩にあたる魚谷雅彦さん、ローソンからサントリーに転じた新浪剛史さんなどが該当します。

第三のタイプは「サラリーマン社長」です。サラリーマンとして普通に入社し、そのまま出世して社長に就任した人たちです。旧財閥系や歴史的な大会社にこのタイプが多い傾向があります。このタイプの社長の特徴としては調整型が多く、社内の派閥に属してその内部で勢力を伸ばし、最終的にOBなどの重鎮から指名されるケースが往々にしてあります。

そして第四のタイプが、中小企業をはじめ、日本企業ではもっとも数が多いとされる「世襲社長」です。オーナー家の跡取りとして生まれ、幼いころから社長を承継するものとして育てられた人物です。このタイプの社長は、会社を潰さないように堅実な経営をする方が多いようです。

一般論ですが、「起業社長」「プロ経営者」の会社は、「サラリーマン社長」「世襲社長」の会社に比べるとリスクをとってハイリターンを狙う、ゆえに成長も高めのところが多い。

日本の企業のいいところは、会社の寿命が長いことです。創業から200年以上存続している世界の企業のうち、日本企業が半数を超えるという統計があります。100年を超える企業も2万5000社を超え、企業の平均寿命は世界でも屈指と言われています。それは、起業社長やプロ経営者を除く、大多数を占めるサラリーマン社長や世襲社長が、企業の存続を最大の目的として経営を行っているからだと思います。

前述しましたように、会社が現在持っている商品やサービスだけで成長する部分を「オーガニックグロース」と言います。多くの場合、既存の商品やサービスによる成長率は低く、おおむね3％以内に収まるケースが大半です。サラリーマン社長や世襲社長の多くは堅実な経営を志向し、攻める経営には概して消極的なため、基本的にオーガニックグロースの範囲内でしか成長しません。逆に言えば、ハイリスクを取らないために寿命が延び、その結果としてハイリターンを得ることができず、オーガニックグロースしか得られない――ということでもあります。

一方のアメリカの場合は、1955年には75年ほどもあった企業の平均寿命が、2015年には一気に15年まで短縮しています。そこまで短命になったのは、もちろんそれだけ競争が激しく、短期間で潰れてしまうということもありますが、すぐにM＆Aによって買収されてしまうのも一因です。

アメリカの漫画出版社のマーベル・コミックは、2009年にウォルト・ディズニーに買収されました。ジョージ・ルーカスが設立し『スター・ウォーズ』『インディ・ジョーンズ』などのヒット作を制作したルーカス・フィルムも、2012年にディズニーに買収されています。そして2019年には、ディズニーが21世紀フォックスの映画部門（20世紀フォックス）とテレビ部門（20世紀フォックステレビジョンなど）を買収しました。繰り返しになりますが、アメリカでは、M&Aによって会社を飛躍的に大きくする手法が成長パターンとして活用されているのです。

日本企業はいまだに「オーガニックグロース主導の低い成長率にとどまる経営」が主流です。そのため、日本企業は世界のグローバル化の流れから取り残されています。それが日本企業の弱さにつながり、経営者のマインドが保守的であることも重なって、さらに蚊帳《かや》の外に置かれているように見えます。

韓国のトップ企業はすでに完全成果主義

私は2015年からウォルト・ディズニー・カンパニー・コリアの最高責任者を兼務していました。そのとき直に接した韓国企業、とくに財閥系企業の社長や役員は、ほぼすべての方が流暢《りゅうちょう》な英語を話します。韓国は人口が5000万人ほどしかないため、基本的に自国のマーケットだけでビジネスは成り立ちません。それゆえに、英語を駆使し、アメリカ型の経営を整え、グローバルに打って出ないと生き残ることはできない。そのことを韓国のトップ企業はよくわかっています。

ちなみに、韓国企業で有能な人材は、日本企業の倍の給料をもらっています。アメリカ型の完全成果主義のシステムを採用しているからです。

減少し始めたとはいえ、日本の人口はまだ1億2000万人います。日本のマーケットだけで生きていくことも、それなりにできる状況ではありません。しかし、2050年を超えるころには人口が1億人を切っていく事態も予想されるなか、日本企業は韓国企業のように早くアメリカ型の経営に舵を切っていかなければ、生き残ることさえできなくなっていくと思います。

日本企業のサラリーマン社長や世襲社長の多くは、こうした状況を正確に認識せず、オーガニックグロースだけで未来永劫、生き残っていけると考えているようです。100年近くも続いてきた過去の栄光と実績が、これからも継続して実現できるという幻想を持っているからです。

日本企業は終身雇用なので、従業員にもサラリーマン社長や世襲社長と同じ認識が蔓延《まんえん》しています。経営者がアグレッシブではない会社の従業員がアグレッシブになる道理はありません。経営者も従業員も意欲が低ければ、グローバル企業との戦いに勝てるはずがないのです。

今後、意欲ある人が目指すべきは、起業社長、またはプロ経営者が経営する企業だと思います。外資とほぼ同じシステムで経営を行っている会社が多いので、成果を出せる有能な人材にはふさわしい場所だと思います。このままサラリーマン社長や世襲社長が経営する会社にいても、経営者が「勝利の方程式」を実行しない限り、成果や努力が正当に報われることはありません。

これから企業に就職する学生も、これまで以上に先のことまで考えないと、たいへんな時代になると思います。「就活市場は空前の売り手市場」などと言っていられるのは今だけです。英語をはじめ、ビジネスセンスを磨くための勉強をしっかりして、スキルを磨いておかないと、グローバルに戦えず、活躍の機会は大幅に減るでしょう。

外資とはいえ、私はサラリーマンを45年間経験しました。その経験から自信をもって言えるのは、大学を卒業して最初に就職する会社がとても大切だということです。

私の場合は日本マクドナルドという外資系企業で、ちょうど会社が伸びていく時期に自分も一緒に成長できました。伸び盛りの時期に、典型的な日本企業にい続けると、嫌でも日本企業色に染まってしまいます。成果を出してもなかなか上のポジションに上がれず、そのうちにその環境をあきらめ、やがてそこから抜け出すこともできなくなります。

そうなる前に、私はみなさんに「転職」をおすすめします。

転職のすすめ

「仕事が楽しくない」

「パッション（情熱）がなくなった」

「会社の売り上げが上がらない。もしくは右肩下がり」

こういう状態に陥ったら、一刻も早く転職したほうがいいと思います。私も1回目（日本マクドナルド→ディズニー・ストア・ジャパン）、2回目（ディズニー・ストア・ジャパン→日本ケンタッキー・フライド・チキン）、3回目（日本ケンタッキー・フライド・チキン→ウォルト・ディズニー・ジャパン）ともに、3つの事由に該当したことを自覚したので、決断しました。

もちろん「自分は成果を出しているのに、給料が低い。評価されていない」という方も転職を検討するべきだと思います。

ただ、ヘッドハンターに言わせると、転職しても100%成功するとは限らず、おおむね30%は失敗する可能性がある。だから、そのリスク分として従来の年俸に30%程度の上乗せを確保すべきだ——そうアドバイスされました。決して、同じ年俸で転職してはいけないということです。

日本の方には馴染みがないかもしれませんが、ヴァイスプレジデント（VP）には3つのタイトル（役職）があります。上からエグゼクティブ・ヴァイスプレジデント（Ex. VP）、シニア・ヴァイスプレジデント（Sr. VP）、そしてVPです。

転職をするとき、基本的にはブランドランクが上の会社を目指すべきです。しかしながら、その場合は覚悟を決める必要があります。年俸は上がってもタイトルダウンが起こるからです。

私もケンタッキーからディズニーに転職したとき、Ex. VPからVPに2段階下がりました。これを受け入れたのは、会社のブランドランクが異なったからです。一般的に、ブランドランクが下位の会社から上位の会社に転職するときにはタイトルダウン、もしくは同タイトルはやむを得ません。その分年俸は上がるのが普通です。

ところが、常にブランドランクが上位の会社に転職できるとは限りません。下位の会社に転職するケースもないわけではありません。ランクの高い会社から転職するとき、さらに高いブランドに移れるとは限らないからです。その場合には、私のケースとは逆にタイトルアップをしなければなりません。下位の会社に転職したうえ、タイトルまで下がってしまったら、転職する意味はほとんどないからです。

転職に際しては、こういった点を少しでも意識するとよいでしょう。

そしてもう一つ。日本企業の社員は、総じて、他社でも働けるようなスキルを身につけていないと思います。これは転職するという発想がきわめて少ないので、日ごろから勉強したり、スキルを身につけておいたりする必要性を感じないのでしょう。所属する会社に嫌気がさし、いざ転職しなければならなくなったとき、他社に売り込めないのは、ある意味では自業自得かもしれません。

「上司が無能で困っています」

日本企業で働く人から、これまで私は多くの相談を受けてきました。ここから先は、その主な悩みの例と私なりの回答を示したいと思います。

こんな相談をよく耳にします。しかし「上司が何もしてくれない」と嘆くばかりではなく、こういう場合は、発想を変える必要があると思います。逆に貴方が上司をマネジメントするようなつもりで、たとえば「どのようにすれば自分たちの仕事に役立ってもらえるか」という視点で考えるべきでしょう。

よく「部下の活用法」という本は書店に並んでいますが、「上司の活用法」といった類の本はあまり見かけません。しかし「上司に納得がいかない」と言ってばかりいるのではなく、自らアクションを起こし、上司をうまく使うことも大切だと思います。

上司のマネジメントと言っても、大げさに考えるのではなく、まずは上司とコミュニケーションをとることから始めてください。いきなり仕事の話を始めても、逆効果になることもあります。最初は仕事以外の話から始め、上司と自分との共通点を見つけてその話題で盛り上がるというぐらいでいいかと思います。

直属の上司だけではなく、その一つ上、または二つ上の上司とも普段からコミュニケーションをとっておくことも大切です。もし「直属の上司と話し合うのは嫌」ということであれば、一つ上、または二つ上の上司に相談してみるのも手です。

それでも上司とコミュニケーションをとりたくない人には、二つの選択肢があります。

一つはいまの会社を飛び出して転職すること。もう一つはひたすら我慢することです。転職するスキルさえあれば、受け入れてくれる会社はすぐに見つかるはずです。そのスキルがなければどこも雇ってはくれないので、ご自分のスキルを棚卸《たなおろ》ししてみてください。たとえ転職できなくても、多くの会社は3年ほどで人事異動があります。次の部署では違う上司と仕事ができると考え、いまの仕事だけに集中してもいいかもしれません。

「40代ですが、転職すべきかどうか迷っています」

先ほどお話ししたように、転職するにはスキルが必要になります。

40歳にもなれば、どこに行ってもある程度通用するスキルを身につけているはずです。そのスキルをうまく活用することから考えてみてはいかがでしょうか。転職を考える前に、まずは自分のストロングポイントは何かという点を見直してみるべきです。

40代は転職するには遅いという人もいます。しかし、本当にそうでしょうか。さすがに50代になると厳しいかもしれませんが、40代であれば可能性はあります。あるヘッドハンターはこのように言っていました。

「もし転職するのであれば、1回目の転職は40代までにしたほうがいい。50代は柔軟性がなくなるので、転職で成功するのは難しい」

過去に一度も転職をしたことがない50代の人は、それまでの会社のカルチャーが身についているので、なかなか新しい会社に馴染むことができません。転職を考えているのであれば、40代までに新しい会社に飛び込んでください。

ディズニーは「Disney Difference」を常に考え、さまざまなサービスや商品を生み出してきました。ディズニーだからこそできること、ディズニーだけにしかできないことをやるのがディズニーの価値です。これは人にも当てはまります。自分の価値を整理し、必要であればスキルを磨いたうえで転職を考えてください。

とにかく、現時点では自分の会社に満足している人も、これからの激変の時代に備えて、常に「転職の可能性」「自身のスキルアップ」という意識を持っておくことは重要です。

「会社の業績が悪くて不安」

嘆いてばかりいるのではなく、何が問題なのか、とことん、かつ冷静に議論することも大切です。議論した結果「いまの会社でも再生できる」と判断できれば、次の目標に向かって、仕事に集中すればいいでしょう。

ディズニーには「前向きな精神を持ち続ける」という考えがあります。常に前向きに具体的に行動を起こすことが大切という意味です。あなた自身が何かしら行動を起こすことによって、大きく変わっていくのではないでしょうか。

一方「この会社に未来はない」と判断したら、やはり、その時点で転職をおすすめします。「転職＝リスク」という考え方もありますが、危なそうな会社に残り続けることもリスクです。転職するよりいまの会社に残るほうがリスクが高いケースがあります。よく考えて決断すべきでしょう。

会社の経営が危ないかどうかを見極めるビジネスセンスも、日ごろから磨いておくことが必要です。

「転職に成功する人、失敗する人」の違い

私はこれまで、３０００人ほどの部下と仕事をしてきました。私が上司のときに転職した部下もたくさんいますが、成功した人と失敗した人がいます。

転職で失敗した人に共通する点として顕著なのが、会社に退職届を提出してから就職活

動を始めるという点です。会社を辞めてから次の就職先を探すと「早く新しい働き口を見つけなければ」という焦りがどうしても生まれます。焦っては自分を高く売ることはできません。最悪の場合、自分にとってよくない会社で手を打ってしまうかもしれません。年収や仕事内容に納得できずに我慢してしまうのです。

辞めた会社よりいい会社に転職したいと考える人もいるでしょう。しかし高望みばかりしていると、就職浪人が長引くので注意が必要です。

私はこれまで3回の転職を経験しました。もちろん次の就職先が決まってから会社に退職届を提出したのは言うまでもありません。


私が転職者の面接をするとき、とくに重視するのは着目点とその順序です。

着目点は第一に「情熱《パッション》」、第二に「人柄」、そして第三に「能力」です。この優先順位が大事なのです。

いくら人柄が良く、能力的に優れていても、仕事で何かを成し遂げようとする強い情熱がなければ、何事も成功しません。

また、情熱や能力があっても、仕事は必ず他人と関わるもので、チームを円滑に運営できなければ生産性は下がります。そのとき、もっとも大切なのが人柄です。採用に関して、私は必ず転職者の前職でのリファレンスチェック（身元・経歴照会）を行っていました。外資に転職しようとする人は前職が外資のことも多いので、必ずと言っていいほど、誰かがその人の上司や部下を知っていました。その人たちに聞けば、人柄はだいたいわかります。評判が悪い人、敵の多い人は絶対に採用しませんでした。

会社はチームワークなので、そこで敵を作るということはチームでのワークができないことになります。ブランドの強い会社にいた人は、個人の能力よりも周りとうまくやれる能力のほうが大事になると思います。人柄よりも能力を優先する形で採用すると、たいていはうまくいきません。

ビジネスセンスはどうやって磨くか

転職するには、転職先に魅力を感じてもらわなければなりません。そのためには、常にビジネスセンスを磨く努力を続けていかなければなりません。

私の場合は、高校3年生ぐらいから株を買っていました。自分のお金で株式投資を行っていると、株の値動きを知るために日本経済新聞を隅から隅まで読むようになります。

実は、一面の記事よりも、テレビニュースでやっていないような小ネタに有益な情報が隠されていることもあります。その習慣はいまでも続いていて、毎晩1時間ぐらいかけて小ネタを探しています。

新聞を購読すると、チラシ広告が折り込まれてきます。このチラシ広告はたいへんいい勉強になります。たとえば、今から4〜5年前の不動産のチラシ広告は「買いたい」「購入希望」ばかりでした。ところが、現在の不動産チラシは、「売りたい」「売却希望」が圧倒的です。明らかに不動産市場がピークアウトしていることがよくわかります。

家にいるときは必ずテレビをつけています。世の中のトレンドがわかる貴重なメディアです。特にテレビのCMはトレンドを表しています。世の中のトレンドを把握していなければ、最先端のビジネス感覚は養えません。

業績が良くない企業が世間を賑わせたときに、もし自分がその会社の社長だったとしたら、どのようなリヴァイタライズ・プラン（活性化計画）を構築するか、シミュレーションしてみるのも勉強になります。

ニュースで「○○会社が危ない」という話題が流れてきたら、自分だったらどのように再建を行うか、資金繰りはどうするかなどと考えてみるのです。そして、しばらく経って実際に発表された再建策をチェックし、自分が考えたリヴァイタライズ・プランとの違いがあればそこに注目し、何がどのように違うのかを考えることでモノの見方・考え方のトレーニングをすることをおすすめします。現場の徹底観測がビジネスセンスを鍛え、その積み重ねがビジネスパーソンの基礎となっていくのです。

企業の中だけでなく、物事の本質をとらえる訓練も有効です。たとえば、こんなケースをご存知でしょうか。

アメリカでは、州をまたいでトレードすると小売売上税《セールスタックス》がかかりません。eコマースがまだなかった当時は、カタログ販売会社の本社はだいたい田舎にありました。人口の多いメジャーな州に本社を構えると、その州内のトレードが増え、非課税のメリットが最大限享受できなくなるからです。時代が移り、カタログ販売からeコマースに主流が移っても、その仕組みを使ったビジネスは変わりませんでした。

みなさんご存知のアマゾンは、なぜあれだけ急成長をはたしたのでしょうか。

アマゾンが起業したのはシアトルです。シアトルのあるワシントン州は、アラスカを除けばアメリカの最北西部に位置しています。州の人口も約670万人とそれほど多くなく、同じく西海岸にあるアメリカ最大の人口を抱えるカリフォルニア州（約3700万人）が近かったのでカリフォルニア州とトレードする量が多かったのです。そこで、アマゾンを使ったら小売売上税分が非課税になるというメリットを最大限に活用することで初期に顧客を獲得し、いまの地位を築くに至ったのです。

もっとも、ここまで企業規模が大きくなると、アメリカの全州に倉庫や拠点が必要になります。そこから出荷してデリバリーを行うために、州をまたいでの取引とはみなされなくなりました。いま、アマゾンはその恩恵を受けられていません。

アマゾンが拡大した理由について、この事実を知る日本人はそれほど多くないかもしれません。その背景を知ることは、ビジネス思考を磨く良質の訓練になります。

最後に、転職をするときに大事なポイントとなる「人柄」に関して、日ごろからEQ（心の知能指数）を磨いておくことをおすすめします。日本人は上司への気遣いは上手なので、とくに部下への気配りを身につけるよう意識するとよいと思います。

意外に思われるかもしれませんが、効率と生産性一辺倒のアメリカ企業でも、IQの高い上司よりEQの高い上司のほうが仕事ができる人が多いようです。実際にマクドナルドの本社に行ったときに驚いたのは、上司のVP（ヴァイスプレジデント＝執行役員）からクリスマスプレゼントを贈られたことです。高価なハムの詰め合わせだったと思います。私の誕生日には、これも高価なクロスのペンを頂きました。そうすると、この上司のためにも頑張ろうという気になるものです（必ずしも高価な品物である必要はないと思いますが）。

日本でも上司にお中元やお歳暮を贈る習慣があります。いまはその習慣も簡略化されていますが、部下にプレゼントを贈る習慣はあまりないようです。

プレゼント＝EQというわけではありませんが、さりげなく気配り、心配りができる人になれば、自然と周囲に人が集まってきます。その評判が、次に転職するときにも役立つのは言うまでもありません。

おわりに

いかがでしたでしょうか。日本の企業や社会に対して厳しい物言いになってしまったところもありました。ご不快に思われたかもしれませんが、どうかご容赦ください。

ただ、私が本書で申し上げたことは私の45年間の外資での経験に沿ったもので、それなりに的を得ているのではないでしょうか。外資流「勝利の方程式」は、利益を追求するという企業本来の目的から見れば、きわめて効率的な仕組みです。これらの方程式を導入すれば、生産性も給料も、これまでアメリカ企業の半分程度だった日本の会社も必ず急成長を遂げるはずです。

まずはビジョンを明確にする。数値の目標を設定し、それを社員と共有してそのための成長戦略を練る。5年計画を立てて、毎年の戦略を実行する。従業員には期初の目標設定と、成果主義中心の人事制度を導入する——こういったことを実行していくべきです。

より生産性を上げ、より利益を上げれば、社員は心理的にも金銭的にも、より幸せになれるでしょう。私も経営者として、いかに利益を上げ、そしてその利益をいかに社員に還元するかを必死になって考えてきました。社員が喜ぶ顔が見たかった、それは本心です。そして、そうすることで、社員の皆がいっそうやる気を出して、好循環が起こり、翌年も良い結果が得られました。

いま、読者の皆さんはどのような会社にお勤めでしょうか。

もしも旧態依然の会社にお勤めで、自分の会社を変えてみようという気概のある方はぜひチャレンジしてみてください。抵抗も大きいかと思いますが、人生を賭けるに値する大きな仕事になると思います。

もしくは転職を考えてみてください。日本でも効率や生産性を重視したＩＴ企業などが少しずつ増えています。英語でコミュニケーションができる方は外資も検討してみてください。昔と違って、未来のＧＡＦＡになるかもしれない有望なＩＴ系の外資企業も増加しています。

最後に私のモットーを記しておきます。

・社内外に敵を作らないこと（敵を作っても何の得にもなりません）
・評論家にならないこと（大事なのは有言実行です）
・人間は失敗して成長すること
・成果は行動に比例すること
・常に頭は低く、アンテナは高くすること（情報が入ってきます）

皆様の成功を祈念しています。

本書の制作にあたってたいへんご協力をいただきました、慶應義塾大学ビジネススクール委員長室の芝田藍子さん、手塚勇生さんのお二人に感謝を申し上げます。

中澤一雄

編集協力　新田匡央

講談社現代新書　2521

外資《がいし》の流儀《りゅうぎ》　生《い》き残《のこ》る会社《かいしゃ》の秘密《ひみつ》

二〇一九年五月二〇日第一刷発行

著　者　中澤《なかざわ》一雄《かずお》　©Kazuo Nakazawa 2019

発行者　渡瀬昌彦

発行所　株式会社講談社
東京都文京区音羽二丁目一二―二一　郵便番号一一二―八〇〇一
電　話　〇三―五三九五―三五二一　編集（現代新書）
〇三―五三九五―四四一五　販売
〇三―五三九五―三六一五　業務

装幀者　中島英樹

印刷所　豊国印刷株式会社

製本所　株式会社国宝社

定価はカバーに表示してあります　Printed in Japan

N.D.C.335　204p　18cm
ISBN978-4-06-515367-3

「講談社現代新書」の刊行にあたって

教養は万人が身をもって養い創造すべきものであって、一部の専門家の占有物として、ただ一方的に人々の手もとに配布され伝達されうるものではありません。

しかし、不幸にしてわが国の現状では、教養の重要な養いとなるべき書物は、ほとんど講壇からの天下りや単なる解説に終始し、知識技術を真剣に希求する青少年・学生・一般民衆の根本的な疑問や興味は、けっして十分に答えられ、解きほぐされ、手引きされることがありません。万人の内奥から発した真正の教養への芽ばえが、こうして放置され、むなしく滅びさる運命にゆだねられているのです。

このことは、中・高校だけで教育をおわる人々の成長をはばんでいるだけでなく、大学に進んだり、インテリと目されたりする人々の精神力の健康さえもむしばみ、わが国の文化の実質をまことに脆弱なものにしています。単なる博識以上の根強い思索力・判断力、および確かな技術にささえられた教養を必要とする日本の将来にとって、これは真剣に憂慮されなければならない事態であるといわなければなりません。

わたしたちの「講談社現代新書」は、この事態の克服を意図して計画されたものです。これによってわたしたちは、講壇からの天下りでもなく、単なる解説書でもない、もっぱら万人の魂に生ずる初発的かつ根本的な問題をとらえ、掘り起こし、手引きし、しかも最新の知識への展望を万人に確立させる書物を、新しく世の中に送り出したいと念願しています。

わたしたちは、創業以来民衆を対象とする啓蒙の仕事に専心してきた講談社にとって、これこそもっともふさわしい課題であり、伝統ある出版社としての義務でもあると考えているのです。

一九六四年四月　野間省一

知的生活のヒント

78 大学でいかに学ぶか　増田四郎
86 愛に生きる——鈴木鎮一
240 生きることと考えること　森有正
297 本はどう読むか——清水幾太郎
327 考える技術・書く技術——板坂元
436 知的生活の方法——渡部昇一
553 創造の方法学——高根正昭
587 文章構成法——樺島忠夫
648 働くということ——黒井千次
722 「知」のソフトウェア——立花隆
1027 「からだ」と「ことば」のレッスン——竹内敏晴
1468 国語のできる子どもを育てる——工藤順一
1485 知の編集術——松岡正剛
1517 悪の対話術——福田和也
1563 悪の恋愛術——福田和也
1620 相手に「伝わる」話し方　池上彰
1627 インタビュー術！——永江朗
1679 子どもに教えたくなる算数　栗田哲也
1865 老いるということ——黒井千次
1940 調べる技術・書く技術——野村進
1979 回復力——畑村洋太郎
1981 日本語論理トレーニング——中井浩一
2003 わかりやすく〈伝える〉技術——池上彰
2021 新版〈学生のための〉レポート・論文術——小笠原喜康
2027 地アタマを鍛える知的勉強法——齋藤孝
2046 大学生のための知的勉強術——松野弘
2054 〈わかりやすさ〉の勉強法——池上彰
2083 人を動かす文章術——齋藤孝
2103 アイデアを形にして伝える技術——原尻淳一
2124 デザインの教科書——柏木博
2165 エンディングノートのすすめ——本田桂子
2188 学び続ける力——池上彰
2201 野心のすすめ——林真理子
2298 試験に受かる「技術」——吉田たかよし
2332 「超」集中法——野口悠紀雄
2406 幸福の哲学——岸見一郎
2421 牙を研げ 会社を生き抜くための教養　佐藤優
2447 正しい本の読み方　橋爪大三郎

M

目次

不破哲三 日本の「戦争論」を撃つ ……………… 2426
宇佐美承 戦争・詩歌・童話 ……………… 2425
中條省平 〈見聞記〉非軍事的な今日のフランス人 ……………… 2423
槌田劭 非軍事に生きる道は ……………… 2422
福富節男 日本国憲法第九条擁護の運動 ……………… 2416
楠原彰 いきなり「憲法」ではなく ……………… 2412
柳沢遊 スペインでくつろぐ ……………… 2371
田中浜子 モナコの夏の市立図書館 ……………… 2362
査図円也 共産圏のアジアへの怪しい誘惑 ……………… 2334
小朴一批 〈見聞記〉ヨーロッパ一般 ……………… 2307
鴨井幸彦 「インパクト」の一冊 ……………… 2303

三好洋子 わがもの顔の「日本史」教科書を嘆く ……………… 2300
羅福恵 中国における近代意識・近代化 ……………… 2267
福地曠昭 沖縄の教科書採択に思う ……………… 2261
吉田邦博 田畑の整備によって失われるもの ……………… 2242
松原治郎 大人の学校〈学習社会〉 ……………… 2240
米田弘 学校教育におけるその場その場主義 ……………… 2236
田畑稔 「きちんと」「じっくり」ということ ……………… 2235
幸徳秋水 野卑な新聞社会 ……………… 2229
小賀島忍 新聞の商品化をめぐって ……………… 2218
井村和夫 ジャーナリストの話をきいて ……………… 2179
栗林俊夫 放送を考える立場 ……………… 2148
松澤哲成 「福岡自然風土記」刊行のよびかけ ……………… 2125

高草木光一 エコ・ロジーのもうひとつの意味 ……………… 1997
草の家（高知市） まもなく田中正造没後七五周年 ……………… 1992
愛知太平洋戦争犠牲者を追悼する会 ……………… 1928
田口昇 〈エッセイ〉非戦の思想を育てる本 ……………… 1656
相楽総一郎 あらためて非戦とは ……………… 1641
宋斗会 日本国憲法と南京事件の証言 ……………… 1624
芝村篤樹 大阪憲法集会の提起するもの（近く） ……………… 1596
鵜飼哲夫 非戦思想人インタヴュー（近く） ……………… 350

編集・発売